VISUALISER SA VIE

en quelques coups de crayon

Groupe Eyrolles
61, bd Saint-Germain
75240 Paris Cedex 05

www.editions-eyrolles.com

Du même auteur chez le même éditeur :

- *Boostez votre efficacité avec Freemind, Freeplane et Xmind*, avec Pierre Mongin
- *Organisez vos données personnelles*, avec Pierre Mongin et Christophe Deschamps
- *Organiser sa veille sur internet*

ISBN : 978-2-212-55617-9

Xavier Delengaigne
Illustrations de Salma Otmani

VISUALISER SA VIE

en quelques coups de crayon

Deuxième tirage 2014

EYROLLES

SOMMAIRE

INTRODUCTION

> *Le langage est une source de malentendus.*
>
> **ANTOINE DE SAINT-EXUPÉRY**

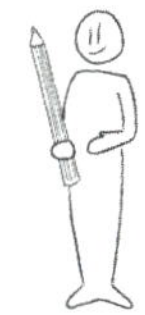

Une histoire en dessins

Dessiner ses idées ? L'idée est loin d'être nouvelle. Déjà lors de la préhistoire, les hommes des cavernes dessinaient des peintures rupestres. Représentaient-ils vraiment leurs idées ou tout simplement ce qu'ils voyaient ? Nul ne le sait. Certains de ces dessins resteront à jamais mystérieux… Durant la Renaissance, Léonard de Vinci traduisait lui aussi sa pensée sous la forme d'un mélange de croquis et de notes textuelles.

Les pionniers du coaching visuel

De nos jours, certains pionniers promeuvent le dessin au sens large pour représenter la pensée. Aux États-Unis, David Sibbet fut l'un des premiers à développer la pratique de la facilitation graphique[1]. Avec son entreprise The Grove[2], il a également formalisé des modèles graphiques pour atteindre des objectifs professionnels et personnels[3]. D'autres pionniers lui ont emboîté le pas sur cette thématique du coaching visuel :

- Isabelle Merkley[4] propose, par exemple, un accompagnement de coaching au travers de cinquante modèles graphiques ;

1. « Il s'agit d'utiliser la pensée visuelle et le dessin pour animer, coacher, organiser, et faciliter la création de sens au niveau individuel et collectif » Roberta Faulhaber.
2. http://www.grove.com/site/index.html.
3. Il les a regroupés notamment dans deux livres : *Personal Compass* et *Career Compass* : *http://shopping.netsuite.com/c.ACCT75322/store.html?partner=CROWLEY*, consulté le 20 octobre 2012.
4. http://www.shift-it-coach.com/.

- Dorothée Dobrowski[1], quant à elle, propose des visuels stratégiques pour accélérer le changement. Elle présente sa « façon de voir » dans son livre *Drawing Solutions : How Visual Goal Setting Will Change Your Life.*

Les nombreux bénéfices des modèles graphiques

Les modèles graphiques comportent de nombreux bénéfices pour visualiser vos objectifs :

- ils sont pour la plupart non linéaires. Ils permettent ainsi de montrer les connexions entre les idées ;
- ils ne nécessitent aucun de talents d'artiste pour commencer ;
- ils renforcent la mémorisation des concepts présentés. En effet, vous retenez mieux l'information quand elle est :
  - visuelle ;
  - hiérarchisée ;
  - spatialisée ;
- ils donnent une vue holistique des problèmes ;
- pour votre cerveau, ils requièrent sans doute une moins grande traduction qu'un texte à rédiger ;
- ils renforcent l'engagement du scripteur car ce dernier complète le modèle au fur et à mesure ;
- ils donnent du plaisir ! Le scripteur prend plaisir à compléter les modèles fournis. Les modèles graphiques s'apparentent aux exercices des cahiers de vacances que vous preniez plaisir à remplir quand nous étions enfants ;
- ils permettent d'externaliser votre pensée pour pouvoir interagir avec elle. Votre pensée devient tangible. Elle s'étale sous vos yeux.

Comment ce livre est-il bâti ?

Les deux premières parties de cet ouvrage vous aideront à accomplir vos objectifs avec des modèles graphiques. Fréquemment, nous vous demanderons de répondre aux exercices par un croquinote. C'est un néologisme pour désigner une forme particulière de dessins qui regroupe plusieurs éléments graphiques :

1. http://upyourcreativegenius.com/.

- mots ;
- dessins ;
- pictogrammes ;
- etc.

La troisième partie vous donnera les moyens de voler de vos propres ailes pour représenter votre pensée sous une forme visuelle.

Un livre outil

Comment utiliser ce livre ?

Les deux premières parties de ce livre contiennent principalement des modèles pour vous accompagner à accomplir vos objectifs de vie. Vous pouvez les compléter directement sur le livre. Toutefois, le format des feuilles du livre ne sera pas forcément pratique pour tout noter. Nous vous conseillons de les recopier au fur et à mesure sur une feuille ou un cahier au format A4 afin de les compléter. Cette pratique vous permettra de vous améliorer en dessin et ainsi développer de l'aisance dans ce domaine.

Le matériel nécessaire pour pratiquer avec le livre

Pour réaliser les exercices de ce livre nul besoin d'investir dans du matériel coûteux : une feuille de papier et un crayon suffisent !

Donnez vie à vos rêves !

Cet ouvrage a l'ambition de vous donner les rênes pour conduire votre vie. Les modèles graphiques vont vous aider à y voir plus clair dans le brouillard de vos idées. Alors prêt à inventer votre futur ?

Partie 1

LE PASSÉ FORGE VOS RÊVES DE DEMAIN

Lorsque vous étiez petits, de nombreux rêves peuplaient notre imaginaire : devenir astronaute, voler comme superman, etc. Le plus souvent, avec l'âge, ces rêves ont pratiquement tous disparu, victimes de notre côté « adulte ». Pourtant à l'époque, ces rêves faisaient partie de nous-même. Ils nous accompagnaient dans notre quotidien.

À l'âge adulte, ces rêves n'ont pas totalement disparu, ils sont juste enfouis au plus profond de notre personnalité. Dans cette première partie, nous creuserons pour déterrer ces rêves. Bien sûr, nous devrons les dépoussiérer !

Ensuite, nous nous attacherons à parcourir notre passé pour y découvrir les prémisses de notre futur.

Ainsi, cette première partie se propose de vous reconnecter à la fois avec votre âme d'enfant et votre passé.

Chapitre 1
DES OBJECTIFS DE RÊVES

> *Avancez avec confiance en direction de vos rêves. Vivez la vie que vous avez imaginée.*
>
> **DAVID THOREAU**[1]

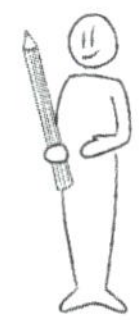

- ✔ Obtenir son bac.
- ✔ Acheter une voiture.
- ✔ Trouver un travail.
- ✔ Se marier.
- ✔ Acheter une maison.
- ✔ Partir à la retraite.

La vie de la plupart des Occidentaux se résume à cette liste[2]. Déprimant non ? Pourtant, nous disposons tous des clés pour changer votre vie.

Découvrez comment transformer vos rêves en objectifs réalisables.

Du rêve à l'objectif

■ Quels sont vos rêves ?

Des rêves naissent en chacun de nous. Au fil des aléas de la vie, beaucoup d'entre eux s'étiolent. D'ailleurs, peu d'entre nous vont réellement au bout de leurs rêves. Pourtant, les rêves peuvent se transformer en véritables moteurs pour conduire notre vie et lui donner un sens.

1. Traduction libre de : « Go confidently in the direction of your dreams. Live the life you have imagined » (D. Thoreau).
2. Adapté de http://www.toile-filante.com/2009/08/27/la-liste-une-vie-toute-tracee, consulté le 14 juin 2012.

Les quatre envies[1]

Au sein de votre entourage, choisissez quatre personnes que vous avez déjà enviées. Dessinez l'objet et la raison de votre envie. Cet exercice vous permettra de déceler ce qui vous manque dans votre vie.

Vos envies

Actuellement, notre société promeut le pragmatisme et la culture du résultat. Or vos rêves, eux, sont, par essence, souvent maintes fois utopiques. Bref, maintes fois nous privilégions le comment au détriment du pourquoi. Pourtant, si nous ne donnons pas du sens à nos actions, nos objectifs seront rarement atteints.

Naturellement, nous ne devons pas rester continuellement dans l'expectative mais les rêves doivent constituer autant de guides pour atteindre nos objectifs. Ainsi, vos rêves doivent devenir votre priorité. Sur son blog « Habitudes-zen[2] », Leo Babauta conseille de commencer sa journée par s'occuper de ses rêves !

Naturellement, vous devez composer avec votre famille et votre travail. Peut-être devrez-vous vous lever un peu plus tôt ou vous coucher plus tard pour cheminer vers vos rêves !

1. Adapté de Maud Simon, *Fais ce qu'il te plaît ! 12 semaines pour trouver votre voie et rencontrer votre destin*, InterÉditions, 2011.
2. *http://www.habitudes-zen.fr/2012/accomplissez-vos-reves-malgre-les-pressions-de-votre-travail-et-de-votre-famille/* consulté le 20/06/12.

Ces tueurs de rêve

Certaines pratiques font avorter nos rêves :

- ✔ le manque d'estime de soi : se sous-estimer conduit souvent à abandonner un projet avant même de le débuter ;
- ✔ la paresse : elle résulte souvent d'un manque de motivation ;
- ✔ l'esprit négatif : il nous focalise sur les obstacles, sur les difficultés qui jalonnent le parcours vers l'objectif. Cet esprit négatif peut également provenir de votre entourage. Si possible, éloignez-vous de ces personnes pour ne pas sombrer avec elles dans un flot de négativité !
- ✔ la peur du changement : de manière générale, nous sommes réfractaires au changement ;
- ✔ le manque d'argent : c'est souvent la première excuse que nous avançons pour ne pas poursuivre nos rêves.

Assistez à votre propre enterrement

Imaginez-vous à votre propre enterrement. Vous vous êtes caché dans un recoin du salon funéraire et vous entendez tout !

Qu'aimeriez-vous que les gens disent à propos de vous ?

Que pensez-vous qu'ils diraient réellement ?

Votre objectif sera de réduire l'écart entre ces deux extrêmes.

☛ ***Ce que les gens disent***

☛ ***Ce que vous aimeriez que les gens disent***

Participez à un jeu TV du futur

Imaginez-vous dans le futur. Vous participez à un jeu télévisé d'un nouveau genre : on vous envoie sur une île déserte avec un nombre restreint de :

- **possessions (livre, etc.) (5) ;**
- **traits de caractère (5) ;**
- **activités (5) ;**
- **relations (5).**

☛ ***Participez à un jeu du futur***

Le dernier jour de la vie de Steve Jobs

Steve Jobs lui aussi s'interrogeait sur le sens de la vie. Chaque jour, il prenait comme étalon le jour de sa mort pour jauger ses actions au quotidien.

La preuve en deux citations :

« Durant les trente-trois dernières années, lorsque, chaque matin, je me regardais dans le miroir, je me demandais : si aujourd'hui était le dernier jour de ma vie, voudrais-je faire ce que je suis sur le point de faire ? Et si la réponse avait été non durant de trop nombreux jours d'affilée, je sais que j'aurais eu besoin de changer quelque chose. »

« Garder à l'esprit que vous allez mourir est le meilleur moyen que je connaisse pour éviter de tomber dans le piège de penser que vous avez quelque chose à perdre. Vous êtes d'ores et déjà nu. Il n'y a aucune raison de ne pas suivre votre cœur. »

Trouvez votre passion

Certaines personnes ont découvert leurs passions très tôt. D'autres tardent à trouver ce trésor intérieur. Pour découvrir votre ou vos passions, posez-vous les bonnes questions et dessinez les réponses dans le modèle suivant :

- **Quels sont vos domaines de compétences ?**
- **Vous a-t-on déjà félicité dans l'accomplissement d'une activité ?**
- **Quels étaient vos rêves lorsque vous étiez petit ?**
- **À l'école, que répondiez-vous quand votre professeur vous demandait ce que voudriez faire plus tard ?**
- **Quels sont vos centres d'intérêts ?**
- **Que lisez-vous : quels livres, quels magazines, quels films appréciez-vous ?**

Trouvez votre passion

Dessinez votre jour de rêve[1]

Imaginez-vous. Une bonne fée, en un coup de baguette magique, vous propose de vivre demain un jour de rêve. Dessinez ce jour parfait à l'aide des questions suivantes :

- Que voyez-vous lorsque vous ouvrez vos yeux à votre réveil ?
- Quelles sont vos activités durant cette journée de rêve ?
- Qui vous accompagne ?
- Que mangez-vous ?
- Comment êtes-vous habillé ?
- Comment vous sentez-vous ?

1. Adapté de *http://www.stevenaitchison.co.uk/blog/what-is-your-perfect-day/* consulté le 1er octobre 2012.

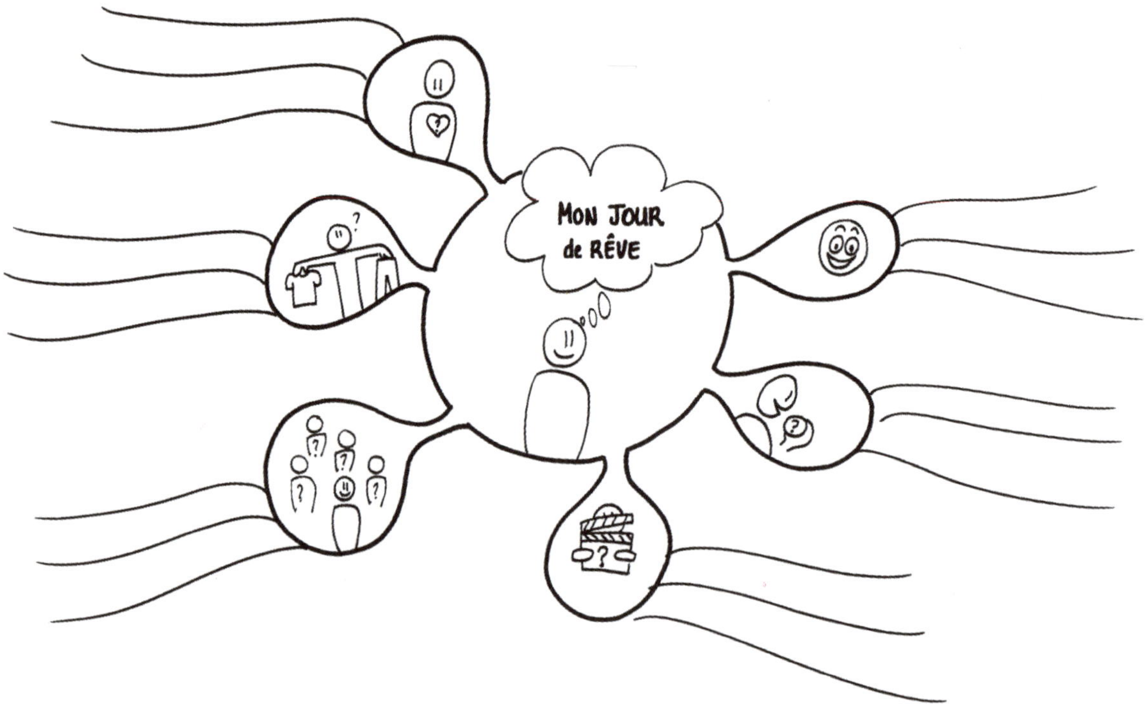

☛ ***Votre jour de rêve***

Réaliser vos rêves comporte un préalable : croire en vous.

■ Quelles sont vos valeurs ?

Les valeurs sont des guides pour réfléchir et agir. Déterminer vos valeurs vous permettra d'être en harmonie avec elles, vos rêves et vos objectifs. Certaines valeurs inculquées souvent par nos parents et aussi par la société ambiante gouvernent nos comportements à notre insu.

Déterminez vos valeurs

Les valeurs peuvent provenir de différents contextes :

- personnel (par exemple, l'honnêteté) ;
- économique (par exemple, la propriété) ;
- politique (par exemple, la démocratie) ;
- spirituel (par exemple, la foi, etc.).

Déterminez vos valeurs et dessinez-les par rapport aux différents contextes.

Ajoutez également des indicateurs qui illustrent comment vous appliquez ces valeurs dans votre vie quotidienne.

☛ *Vos valeurs*

Quels sont vos objectifs ?

La vie ressemble à un voyage en voilier. Peu importe la direction du vent, si vous ne savez pas où vous allez. Afin de ne pas vous laisser porter par les flots, vous devez déterminer vos objectifs de vie.

Voyez la vie en rose[1]

Réalisez un *brainstorming* visuel avec la technique des bulles roses. Le rose représente en effet la couleur du cœur et de vos émotions.

Encapsulez vos objectifs vous permet de les voir flotter sur la feuille de papier et de vous en détacher afin d'avoir enfin prise sur eux.

Relaxez-vous. Visualisez vos objectifs puis notez chacun d'entre eux dans une bulle que vous coloriez en rose. Vous pouvez également ajouter des dessins ou découper des images et du texte et les coller sur votre feuille.

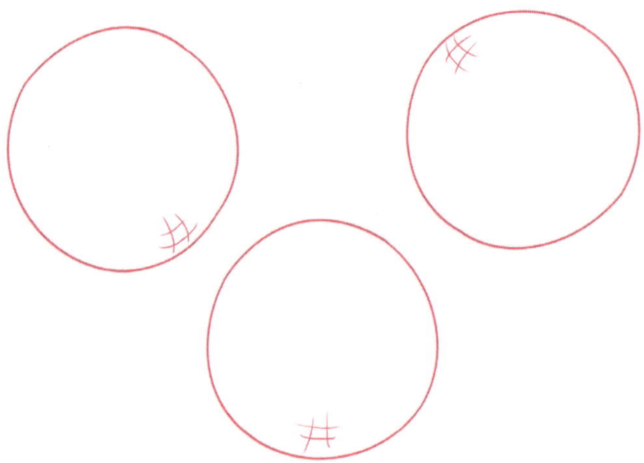

La vie en rose

1. Adapté de Shakti Gawain *http://www.abundancetapestry.com/use-the-pink-bubble-technique-for-creative-visualization*, consulté le 2 octobre 2012.

D'où je viens et où je vais[1]

À l'aide d'une frise chronologique, déterminez où vous serez, que ferez-vous et avec qui dans :

- **1 an ;**
- **3 ans ;**
- **6 ans.**

☛ ***Votre futur***

1. Adapté de *http://semeunacte.com/12-moyens-pour-decouvrir-puis-atteindre-vos-reves.*

Maintenant posez-vous la même question mais dans le passé.

Où étiez-vous, que faisiez-vous et avec qui, il y a :

- **1 an ;**
- **3 ans ;**
- **6 ans.**

Votre passé

Comparez les deux frises chronologiques, que ressentez-vous, que concluez-vous ?

Rangez vos objectifs en fonction de vos rôles dans la vie

La vie n'est heureusement pas faite d'un seul bloc. Elle se compose de plusieurs dimensions dans lesquelles nous tenons différents rôles. Par exemple, dans la vie personnelle, nous pouvons être père, mari, etc., et dans la vie professionnelle, nous pouvons être écrivain, journaliste, etc.

Classer vos objectifs dans différentes catégories va vous permettre de déceler les manques dans certains domaines, voire de découvrir d'autres objectifs.

Objectifs que vous avez découverts lors du *brainstorming* (exercice p. 12)

Classez ces objectifs dans les différents domaines de votre vie (subdivisés en différents rôles que vous occupez) :

✔ moi ✔ ma famille ✔ mes relations sociales ✔ mon travail

Observez la composition réalisée, votre vie est-elle bien équilibrée ?

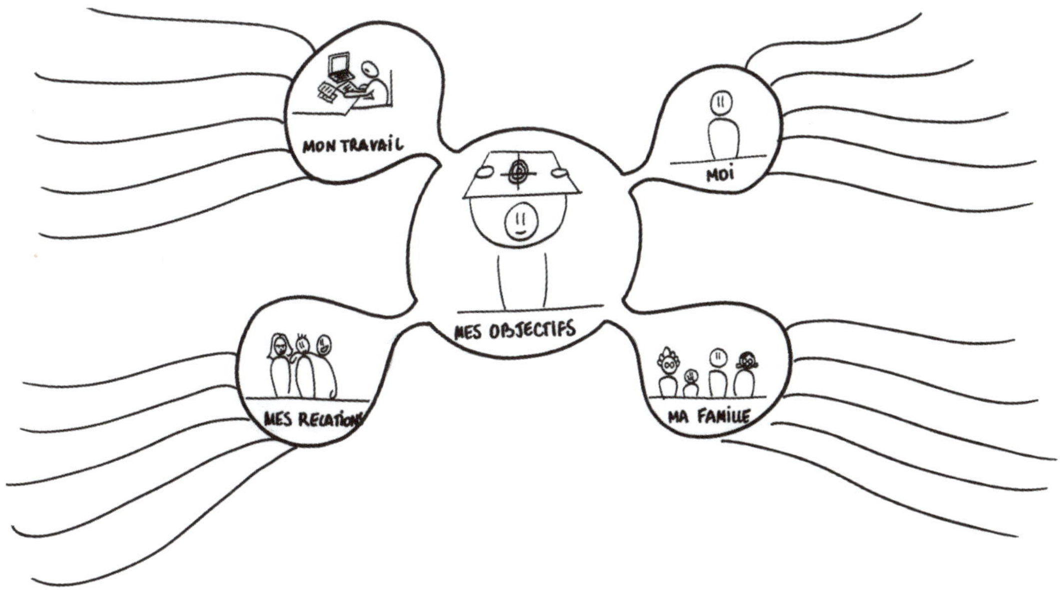

☛ ***Vos objectifs par domaine***

Les ballons de baudruche

Les domaines de votre vie s'apparentent à des ballons de baudruche. Imaginez-vous dans une nacelle de montgolfière portée par plusieurs ballons de baudruche. Tout au long de vos pérégrinations en ballon, vous survolez des montagnes, la mer, etc.

Si vous possédez uniquement deux ballons de baudruche et que l'un d'eux crève, vous perdrez immanquablement de l'altitude. Si votre dernier ballon de baudruche crève lui aussi, vous vous écraserez au sol. Notre vie s'apparente à ce voyage en montgolfière. Si vous possédez peu de centres d'intérêts ou de vie et que l'un d'eux disparaît (un divorce par exemple), vous risquez, là aussi, de vous écraser.

Choisissez un objectif

Naturellement, vous ne pourrez probablement pas achever tous les objectifs trouvés lors du *brainstorming*. Vous devrez procéder à un choix. Se cantonner à trois objectifs par domaine de vie semble un bon commencement. En effet, commencer avec une liste d'objectifs plus longue que le bras est le meilleur moyen de n'en terminer aucun ! Pour choisir le bon objectif, demandez-vous si cet objectif a un sens pour vous ou s'il vous est imposé de l'extérieur. Par exemple, vous vous fixez comme objectif de perdre 10 kg en 6 mois. Cet objectif peut provenir d'une pression sociale. En ce qui vous concerne, vous pouvez vous sentir bien dans votre peau et heureux avec votre poids actuel.

Chapitre 2

PUISEZ VOTRE ÉNERGIE DANS VOTRE PASSÉ

> *« Ceux qui n'apprennent rien de l'histoire sont condamnés à la répéter. »*
>
> **George Santayana**

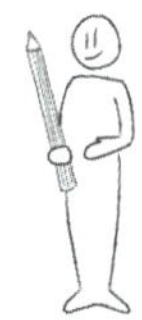

Notre passé éclaire notre présent et préfigure notre futur. Creuser notre passé permet de mettre au jour les fondations de notre vie. Nous pouvons y découvrir non seulement des forces que nous pourrons renforcer mais aussi des faiblesses que nous pourrons tenter de colmater.

Visualisez votre histoire de vie

Notre vie passe rapidement. Hormis à nos anniversaires, nous ne prenons pas le temps nécessaire pour regarder en arrière afin de jauger le chemin parcouru. Dans notre passé, se trouvent pourtant cachées les prémisses de notre futur.

Où suis-je arrivé dans ma vie ?

Réalisez une ligne de temps. Commencez par votre naissance puis terminez par votre mort, positionnez-vous sur cette échelle de temps. Où vous situez-vous ? Êtes-vous plus proche du début ou de la fin ?

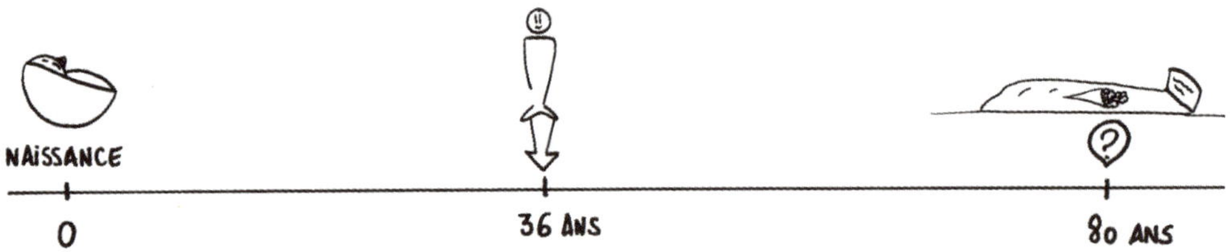

☛ ***Votre ligne de vie***

Pour Peter Ahlheit et Anthony Giddens, chacun d'entre nous doit jongler avec trois horizons temporels spécifiques :

- le temps de la vie quotidienne ;
- le temps de la biographie ;
- le temps historique[1].

Le temps de la vie quotidienne correspond à toutes les routines et les rythmes qui cadencent nos journées. Ces habitudes apportent une structure qui nous sécurise.

Visualisez le temps de votre vie quotidienne

Croquinotez[2] le temps de la vie quotidienne d'une semaine type.

	Matin	Après-midi
Lundi		
Mardi		
Mercredi		
Jeudi		
Vendredi		
Samedi		
Dimanche		

Le temps biographique, comme son nom l'indique, embrasse l'ensemble de l'existence.

1. Déborah Corrèges, « Être dans son temps : garder le cap au milieu du changement », *Sciences humaines*, n° 239, juillet 2012, p. 35.
2. Croquinoter est un néologisme pour traduire le terme anglais *sketchnote*. C'est une forme de prise de notes constituée d'éléments graphiques.

Votre vie sous forme de frise chronologique

Comme à l'école, réalisez une frise chronologique de votre vie. De votre naissance à cet instant présent. Déterminez des tranches de vie[1].

☛ ***Votre vie sous forme de frise chronologique : à vous de jouer !***

Passez l'année en revue

Remémorez-vous l'année précédente, répondez aux questions suivantes sous la forme d'un croquinote :

- **Quelles sont les trois choses que vous avez apprises ?**
- **Quels sont les trois obstacles que vous avez rencontrés ? Comment les avez-vous surmontés ?**
- **Quelles sont les trois choses que vous allez mettre en pratique cette année ?**
- **Quelles sont les trois choses que vous allez arrêter cette année ?**

1. Pour vous aider, vous pouvez vous inspirer des chronologies publiées par Christine Merkley sur Flickr : *http://www.flickr.com/photos/graphiccoach/1377102476/in/set-72157602004606191/* consulté le 2 octobre 2012.

☛ ***L'année passée : à vous de jouer !***

Le temps de l'époque correspond au monde qui nous entoure. Notre époque est marquée par une addition d'accélérations : techniques, rythmes de vie et changements sociaux.

L'accélération technique reste la plus marquante. Les transports modernes permettent désormais de raccourcir les distances. Le TGV relie Lille à Paris en une heure seulement. Les progrès techniques nous ont donc apporté globalement des gains de temps non négligeables.

Toutefois, comme le démontre Illich, la modernité devient parfois contre-productive. Les transports sont un exemple parlant : « L'Américain moyen consacre plus de 1 600 heures par an à sa voiture. Il y est assis qu'elle soit en marche ou à l'arrêt ; il la gare ou cherche à le faire ; il travaille pour payer le premier versement comptant ou les traites mensuelles, l'essence, les péages, l'assurance, les impôts et les contraventions. De ses 16 heures de veille chaque jour, il en donne quatre à sa voiture[1]. »

1. Ivan Illich, « La critique radicale du monde moderne / Martine Fournier in : Sciences Humaines, n° 207, août-septembre 2009. p. 58-63.

Ainsi, la vitesse de déplacement est donc de 6 km à l'heure. Dans un pays sans infrastructure de transport, avec un déplacement à pied ou à vélo, la vitesse moyenne est identique mais elle représente seulement entre 3 % et 8 % de son temps social[1].

L'accélération technique se traduit également par une augmentation de la vitesse de transmission et de production de l'information. De plus en plus, nous croulons sous des tonnes d'informations qui nous parviennent simultanément par des canaux variés : messagerie, réseaux sociaux. Notre boîte mail déborde de mails non lus. Chaque jour, nous nous connectons à Facebook de manière compulsive, etc. Pour traduire ce surplus d'informations, les Québécois ont forgé un joli mot : « infobésité », mot-valise composé des deux mots : « information » et « obésité ».

Ce gain de temps global est toutefois englouti par la course à la croissance. En conséquence, notre temps quotidien s'intensifie. Pour y arriver, comme le remarque H. Rosa[2], l'homme moderne suit principalement deux stratégies :

- augmenter la vitesse d'action. Il consacre moins de temps à une même activité. Le temps consacré à la cuisine diminue par exemple de plus en plus ;
- accomplir plusieurs tâches simultanément : le *multitasking*.

Le rythme des changements sociaux s'accélère lui aussi. La plupart des domaines de notre vie sont impactés par des transformations de plus en plus rapides. L'emploi à vie devient utopique tandis que le travail s'émiette en CDD et en intérim notamment. Dans notre vie amoureuse, les partenaires se multiplient également. Notre vie quotidienne est elle aussi marquée par des changements technologiques qui transforment profondément notre façon de vivre.

Ces accélérations (techniques, rythmes de vie, changements sociaux) se conjuguent pour donner l'impression d'une accélération du temps. Les aiguilles de notre montre semblent participer à une course effrénée contre le temps.

Cette accélération globale de nos temps de vie nous plonge dans un monde incertain.

Quelle est votre vision du temps de votre époque ?

Croquinotez le temps de votre époque. Quelles sont les innovations sociales, techniques, etc., qui ont marqué votre époque ?

1. C. Rymarski, « Ralentir et vite », *Sciences humaines*, n° 239, juillet 2012, p. 43.
2. R. Hartmut, *Accélération, Une critique sociale du temps*, Paris, La Découverte, 2010.

☛ ***Quelle est votre vision du temps de votre époque ? À vous de jouer !***

Quels sont les livres et/ou les films qui ont changé votre vie ?

Listez six livres ou films qui ont changé votre vie ; marquez-les sur une ligne de temps en fonction des trois phases suivantes :

- **votre enfance ;**
- **votre adolescence ;**
- **votre âge adulte.**

Réfléchissez en quoi ils ont changé votre vie.

☛ Quels livres et quels films ont changé votre vie ?

Face à ce monde qui va de plus en plus vite, certains ont voulu retrouver la maîtrise du temps. Ils ont développé le concept de *slow* (qui signifie « lent » en anglais).

Le mouvement *slow* se décline dans la plupart des sphères de la société (*slow food, slow management,* etc.). Francesch Domènech[1] a repéré des traits communs à ces différentes approches :

- rechercher le temps juste : le temps est loin d'être uniforme. Chacun doit pouvoir suivre à son rythme et adapter le temps à ses besoins ;
- privilégier la qualité : la qualité doit primer sur la quantité de temps alloué à des activités ;
- redonner du temps aux individus : l'espace physique et social doit être organisé pour s'adapter aux besoins des individus ;
- travailler au présent, à partir du passé avec, en ligne de mire, l'avenir.

1. F. Domènech, *Éloge de l'éducation lente*, Silence/Chronique sociale, 2011.

Sans verser dans la nostalgie, il est possible de s'inspirer du passé pour prendre du temps au temps. À ce niveau, le *slow food* est emblématique. En réponse au développement du fast-food, les tenants du *slow food* proposent de s'inspirer du passé pour prendre le temps de bien manger, avec, notamment, des produits locaux.

Devenez un adepte du *slow*

Comment pourriez-vous adapter le *slow* dans votre vie quotidienne ? Croquinotez-le !

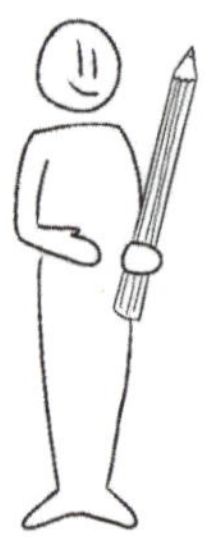

☛ ***Comment devenir un adepte du* slow *? À vous de jouer !***

Des hauts et des bas

Notre vie est constituée de hauts et de bas. C'est d'ailleurs ce contraste qui fait sans doute le sel de la vie. Sans mauvais moments, les bons moments seraient sans doute moins intenses. En prendre conscience permet de garder confiance dans l'avenir.

Les montagnes de la vie

Pensez à cinq moments où vous vous sentiez au top et cinq autres moments où vous étiez au plus bas ; notez-les à l'aide d'une chaîne de montages :

- **sur les pics, notez les moments au top ;**
- **dans les cônes, décrivez-les ;**
- **dans les creux, notez les descriptifs et les titres des moments où vous étiez au plus bas.**

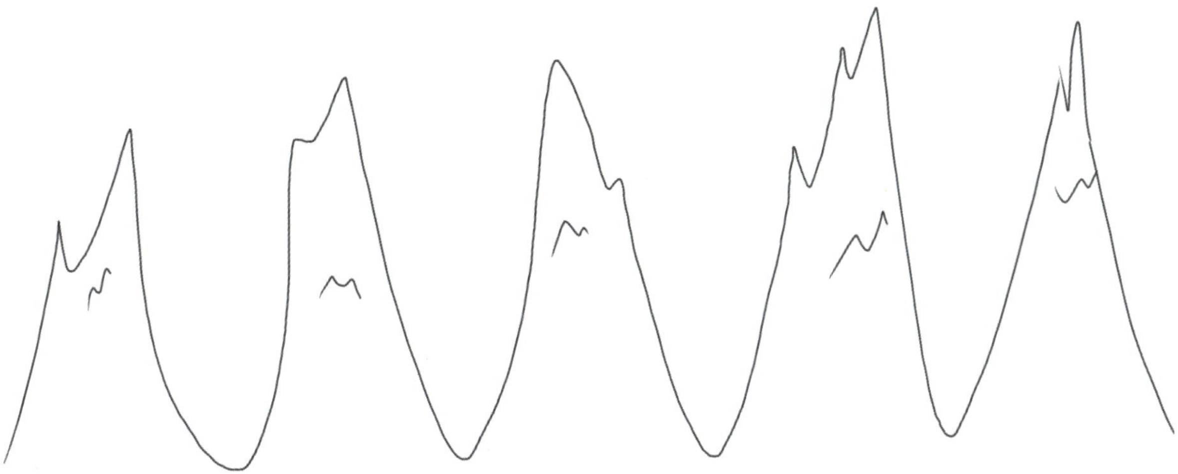

Les montagnes de la vie

Notre vie est également parsemée de moments difficiles, voire impossibles, à prédire. Ces événements sont de véritables points de bascule qui constituent des cygnes noirs.

Avant la découverte de l'Australie, les Européens pensaient, par empirisme, que tous les cygnes étaient blancs. Leur raisonnement, fondé sur une information incomplète, était en fait faux. Désormais, un cygne noir désigne un événement hautement improbable. Dans son livre *Le Cygne noir, la puissance de l'imprévisible*, Nassim Nicolas Taleb développe une théorie autour de ces moments si particuliers. Il prend l'exemple d'une dinde qu'on nourrit jour après jour pour la manger à Noël ou à Thanksgiving. Du point de vue de la dinde, elle reçoit de la nourriture chaque jour et cela va continuer jusqu'à sa mort naturelle. Le jour fatidique de « son exécution » constituera pour elle un cygne noir.

Quels sont vos cygnes noirs ?

Croquinotez les événements qui ont bouleversé votre vie : votre profession peut-être ou la rencontre de votre partenaire, etc.

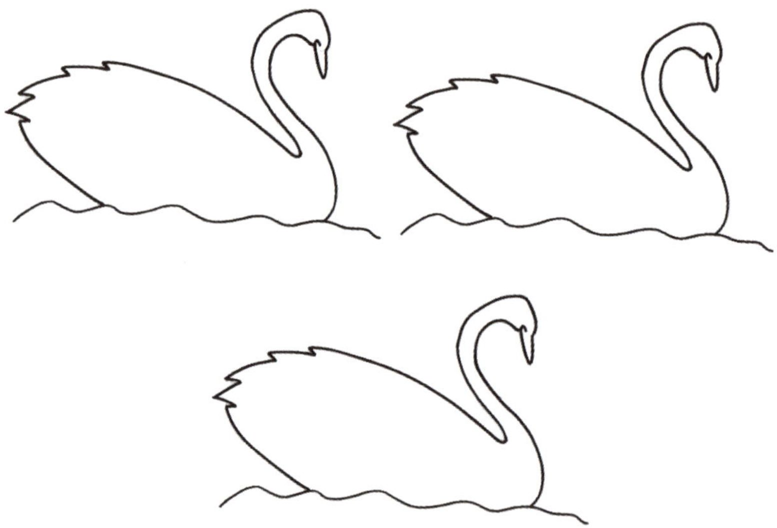

☛ ***Quels sont vos cygnes noirs ?***

Fini les excuses !

Quelles sont généralement vos excuses pour ne pas atteindre vos objectifs ?

Bien souvent, nous trouvons à chaque fois de belles excuses pour ne pas atteindre nos objectifs : je manque de temps, d'argent... Et vous ? Quelles sont vos excuses habituelles ? Ces excuses représentent autant de sens interdits. Croquinotez-les.

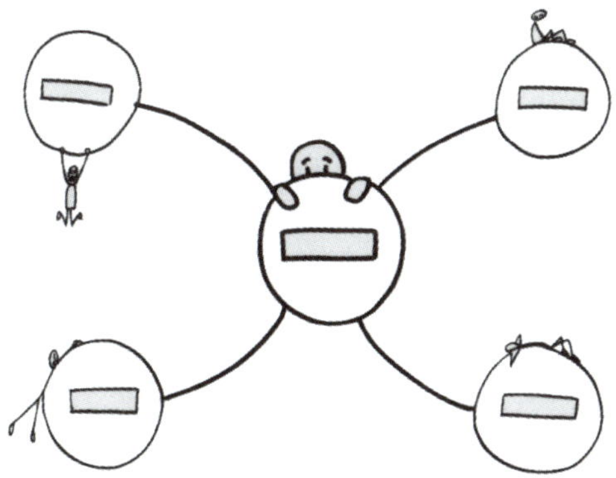

Quelles sont vos excuses habituelles ?

Apprendre à se contrôler porte ses fruits[1]

Dans les années soixante, Walter Mischel, professeur de psychologie à l'université de Stanford, mena une expérience pour comprendre le processus mental par lequel certaines personnes arrivaient à différer des récompenses tandis que d'autres non. Le protocole expérimental était assez simple. L'expérimentateur proposait un petit jeu à un enfant : soit attendre que l'expérimentateur revienne dans la pièce et avoir deux marshmallows, soit faire sonner une petite cloche ; l'expérimentateur reviendrait aussitôt, mais l'enfant ne pourrait manger qu'un seul marshmallow. La plupart des enfants ne réussirent pas à résister ! Par la suite, Walter Mischel s'intéressa à l'étude des personnalités. Il découvrit que les enfants qui avaient retardé la récompense avaient généralement mieux réussi dans la vie.

Dans notre vie quotidienne, nous devons nous aussi procéder à certains choix, épargner 50 euros par semaine au lieu de les dépenser dans des achats futiles peut nous conduire à une épargne importante dans quelques années par exemple.

Remémorez-vous les succès passés

Durant notre vie, nous avons tous remporté des succès, petits ou grands. Pourtant, bien souvent, nous les oublions pour nous focaliser sur nos échecs.

Se remémorer les succès passés reste pourtant important. En effet, les identifier permet de gagner en confiance pour atteindre ses objectifs.

Les succès du passé

Identifiez trois succès passés. Souvenez-vous des ressources mobilisées pour les atteindre et réalisez en un croquinote.

1. J. Lehrer, « Don't, the secret of self-control », *The New Yorker*, 18 mai 2009, consulté le 2 octobre 2012 *http://www.newyorker.com/reporting/2009/05/18/090518fa_fact_lehrer.*

☛ ***Quels sont vos succès passés ?***

Toutefois, ne restez pas figé dans le passé. Une fois que vous avez atteint votre objectif, célébrez votre réussite mais continuez tout de même d'avancer !

Restez motivé !

Notre motivation fonctionne de manière cyclique. Vous ne pouvez pas rester constamment au top. Vous devez vous attendre à des baisses ponctuelles de motivation.

Un bon moyen de garder sa motivation sera de morceler la charge de travail pour la rendre plus digeste. Découper un projet en petites tâches s'apparente à un gros bout de viande que vous découpez en petits morceaux pour mieux les avaler et les digérer. De même, vous pouvez également indiquer un temps défini pour un projet (par exemple, une heure) puis changer de projet.

Deux ou trois choses à savoir avant de mourir

Dans son livre *The Top Five Regrets of the Dying*[1] (« les cinq plus grands regrets des mourants »), une infirmière australienne, Bronnie Ware, raconte les derniers souhaits de personnes sur le point de mourir. Les cinq regrets les plus courants sont les suivants :

- ✔ ne pas avoir eu le courage de vivre sa vie (plutôt que celle décidée par d'autres) ;
- ✔ avoir travaillé trop dur ;
- ✔ ne pas avoir su exprimer ses sentiments ;
- ✔ ne pas être resté en contact avec de vieux amis ;
- ✔ ne pas s'être autorisé à être plus heureux.

1. B. Ware, *The Top Five Regrets of the Dying : A Life Transformed by the Dearly Departing*, Hay House, 2012.

Partie 2

VISUALISEZ VOS OBJECTIFS POUR LES RÉALISER

Dans cette partie, nous utiliserons un outil bien connu du coach, le GROW. En anglais, *grow* signifie « grandir, croître ». Derrière cet acronyme se cachent les mots suivants :

- *goal* : objectif ;
- *reality* : réalité ;
- *option* : option ;
- *work* : travail.

Chapitre 3
VISUALISEZ VOS OBJECTIFS

« *Ce que l'esprit peut concevoir et croire, l'esprit peut l'achever.* »

NAPOLEON HILL

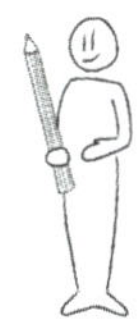

Bien souvent nous conservons nos idées à l'intérieur de notre tête. La plupart du temps, cette inspiration s'étiole rapidement. Sortir vos idées de votre tête pour les coucher sur le papier va vous permettre de les concrétiser et d'interagir avec elles pour agir. Dans le premier chapitre, nous avons lancé un *brainstorming* pour y voir plus clair dans la jungle de nos objectifs. À vous maintenant de choisir un objectif parmi les quatre domaines de votre vie.

Dessinez votre vision de votre objectif

Dessiner votre vision, c'est donner corps à votre objectif. Nul besoin d'être un artiste pour représenter votre objectif. Au contraire, votre handicap artistique vous servira à le représenter de manière simple, presque enfantine. À ce stade, votre objectif relèvera de la vision, il ne respectera pas les canons d'un bon objectif classique. Nous verrons par la suite comment affiner cette vision pour concrétiser encore un peu plus votre objectif.

Déterminez votre objectif

Dans un premier temps, écrivez votre objectif noir sur blanc sur une feuille de papier.

Ensuite, croquinotez-le.

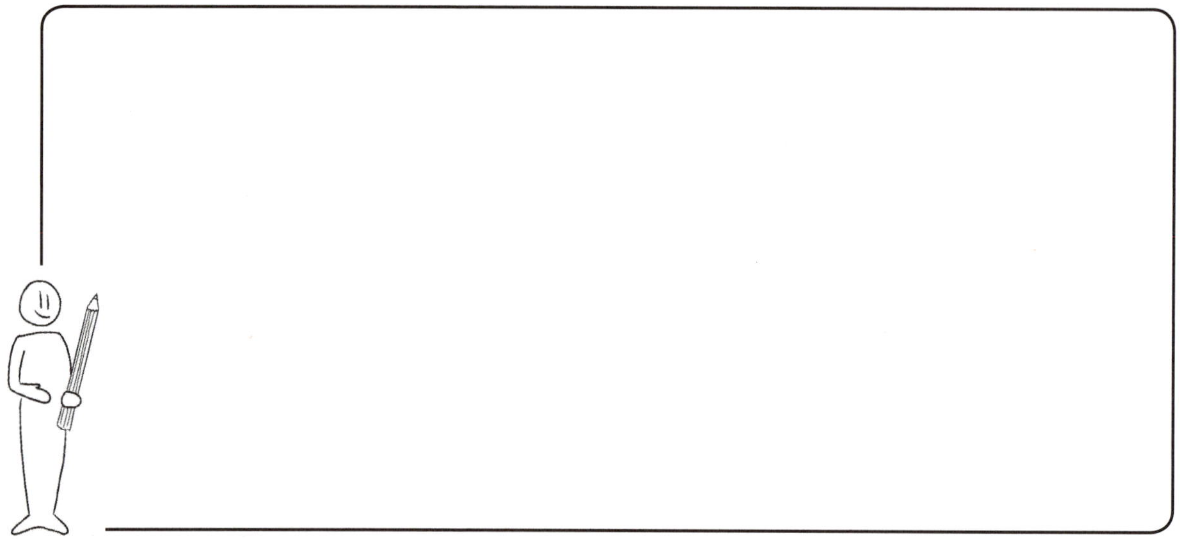

☛ ***Croquinotez votre objectif***

**Par exemple,
devenir formateur.**

☛ ***Croquinotez « devenir formateur »***

Dans un second temps, nous allons nous donner plus de liberté : et si tout était possible ?

Votre rencontre avec une fée

Maintenant, imaginez que vous rencontrez une fée. Elle vous prête sa baguette magique pour exaucer vos vœux.
Qu'aimeriez-vous qu'il arrive maintenant, par rapport à votre objectif ?
Notez-le puis, dans un deuxième temps, croquinotez-le.
Par exemple, j'aimerais avoir une pilule magique pour retenir tout ce que j'apprends.

Votre rencontre avec une fée

Ensuite, nous allons transformer notre objectif en métaphore pour le mettre en mouvement. À notre insu (ou presque), les métaphores peuplent notre quotidien. Trouver notre métaphore intérieure par rapport à l'objectif choisi va nous servir de guide pour l'accomplir.

Durant cette phase, nous allons nous inspirer d'une technique appelée *clean language*.

Qu'est-ce que le *clean language* ?

David Grove, un psychothérapeute néo-zélandais, a conçu le *clean language*. Il se présente sous la forme d'un questionnement miroir pour faire émerger une ou plusieurs métaphores.

Votre objectif sous forme de métaphore

Maintenant posez-vous la question : « Mon objectif c'est comme quoi ? »
Notez-le puis croquinotez-le.
Par exemple, devenir formateur c'est comme pédaler sur un vélo sur une route sinueuse qui monte vers une montagne avec un soleil au bout.

☛ ***Devenir formateur, c'est comme pédaler sur une route de montagne***

Creusez un peu la métaphore utilisée en répétant des questions temporelles :
Que se passe-t-il avant, et encore avant, et encore avant ?
Que se passe-t-il après ? et encore après ? et encore après ?

Par exemple :

Question : Que se passe-t-il après que le cycliste arrive sur la route sinueuse ?

Réponse : Il est à pied.

Question : Et que se passe-t-il avant ?

Réponse : Il s'est préparé pour sortir : il a mis son survêtement et ses baskets.

Question : Et avant ?

Réponse : Il était tranquillement chez lui en train de regarder la TV.

Question : Et que se passe-t-il après qu'il est monté sur son vélo ?

Réponse : Il pédale mais c'est dur car la route est en pente. En effet, nous sommes en face d'une montagne.

Question : Et que se passe-t-il après ?

Réponse : Il arrive péniblement en haut de la montagne mais il doit s'arrêter plusieurs fois en route.

Question : Et que se passe-t-il après ?

Question : Le soleil est là, il le sent, il réchauffe.

Question : Et que se passe-t-il après ?

Réponse : Le soleil se couche, il fait de nouveau froid, je dois[1] attendre que le matin se lève pour que le soleil se lève de nouveau.

1. Lors de ce dialogue, l'interlocuteur utilise le « il » comme marque de distanciation. À la fin il utilise le « je ». Le cycliste c'est lui.

Vivre sans objectif[1]

Leo Babauta, chantre de la simplicité, vous conseille, quant à lui, de vivre sans objectif. Après s'être fixé des objectifs tout au long de sa vie, il en est arrivé à la conclusion que la plupart d'entre eux n'aboutissent jamais. En conséquence, mieux vaut ne pas se fixer d'objectifs et vivre de manière créative en cheminant pour découvrir des horizons nouveaux.

Interrogez votre objectif grâce à l'analograffiti ®

L'analograffiti® est une méthode mise au point par Vera Birkenbihl. Elle consiste à interroger un mot source à partir des lettres qui le composent et à décrire ou à dessiner les premiers mots qui surgissent dans votre tête. Ensuite, il s'agit de trouver la relation entre le mot ou l'image trouvée et l'objectif choisi.

Par exemple, votre objectif est : « devenir formateur ». Vous inscrivez formateur au centre de votre feuille en lettres capitales et vous notez les premiers mots qui vous viennent à l'esprit à partir des différentes lettres qui composent le mot. Naturellement, vous n'êtes pas obligé de trouver un mot ou une image pour chaque lettre. Dans notre exemple, le T donne naissance au mot « temps ». Quel est le rapport avec votre objectif ? Devenir formateur demande du temps : pour se former soi-même, pour trouver des clients, etc. Le métier de formateur classique requiert également du temps pour animer la formation. C'est une activité en présentiel. La lettre F fait germer en vous le mot « fondamental » et l'image du socle. Certaines formations sont récurrentes et pourraient devenir votre fonds de commerce.

1. L. Babauta, « No goal », *http://zenhabits.net/no-goal/* consulté le 26 juin 2012.

☛ *Analograffiti® : devenir formateur*

La visualisation se révèle un bon moyen pour guider votre esprit vers votre but. Pour forger des images mentales assez fortes, inspirez-vous des méthodes mnémotechniques basées sur la visualisation.

Une image mémorable répond aux critères suivants :

- mobile : nous retenons plus facilement les images en mouvement. Au lieu d'une image statique, créez un petit film mental ;
- sensuelle : jouez de vos cinq sens ; votre image peut générer des odeurs, des sons etc. ;
- exagérée : par exemple, visualisez un poussin de 3 mètres ;
- en 3D : donnez de la profondeur à votre image, le monde qui nous entoure est lui aussi en trois dimensions ;
- burlesque : l'humour reste un excellent moyen pour mémoriser.

Par exemple si votre objectif est de devenir formateur, imaginez-vous sur une estrade en train de réaliser votre présentation devant un public attentif. À la fin de la journée, il vous applaudit. Vous entendez les mains qui claquent.

Visualiser votre objectif atteint avec succès et les obstacles surmontés aide à moins procrastiner[1]. En psychologie, cette technique à deux étapes se nomme « contraste mental ».

Visualisez votre objectif et les obstacles

Créez deux images mentales :

- **votre objectif atteint avec succès ;**
- **les obstacles surmontés.**

Pour un objectif intelligent (SMART)

À ce stade, votre objectif reste encore flou. Il relève plus de la vision. Pour avoir une chance de l'atteindre, vous devez l'affiner.

À ce niveau, la méthode SMART vous sera utile. La méthode SMART est issue des travaux du Dr Edwin Locke sur la motivation des employés. En anglais, *smart* signifie « intelligent ». À vous donc de rendre vos objectifs plus intelligents !

Derrière l'acronyme SMART se cachent les caractéristiques d'un bon objectif.

Un objectif doit être :

- spécifique (en anglais : *specific*) ;
- mesurable (en anglais : *measurable*) ;
- atteignable (en anglais : *achievable*) ;
- réalisable (en anglais : *realistic*) ;
- temporellement défini (en anglais : *time-bound*).

1. M. Krakovsky, « The secrets of self-improvement », *Scientific American Mind*, mars/avril 2012, p. 41.

Un objectif *spécifique*

Votre objectif se doit d'être clair et spécifique. Comme lors d'un voyage pour atteindre votre destination, vous devez savoir précisément où vous voulez aller. En effet, si votre objectif reste flou, les actions à entreprendre le seront également. Afin de clarifier votre objectif vous pouvez vous poser les questions suivantes issues de la méthode QQOQCCP (qui ? quoi ? où ? quand ? comment ? combien ? pourquoi ?) :

- Qui ?
  - Pour qui est cet objectif ?
  - Qui est à l'initiative de cet objectif ?
  - Qui est impacté par cet objectif ?
- Quoi ?
  - Quel est l'objectif ?
  - Que cherchez-vous à accomplir ?
- Comment ?
  - Quels sont les moyens à mettre en œuvre pour atteindre cet objectif ?
- Pourquoi ?
  - Pourquoi souhaitez-vous atteindre cet objectif ? Posez-vous cinq fois cette question afin de trouver la cause profonde.
- Où ?
  - Où se déroule cet objectif ?
- Quand ?
  - Sous quel délai votre objectif doit-il être réalisé ?

Au fur et à mesure que vous affinez votre objectif, prenez conscience de vos sentiments : que ressentez-vous par rapport à votre objectif ? quel est votre état émotionnel au moment où vous rédigez votre objectif ? Notez-le également.

QQOQCCP

Croquinotez votre objectif, cette fois-ci pour qu'il soit spécifique et qu'il réponde à l'ensemble des questions du QQOQCCP (qui ? quoi ? où ? quand ? comment ? combien ? pourquoi ?).

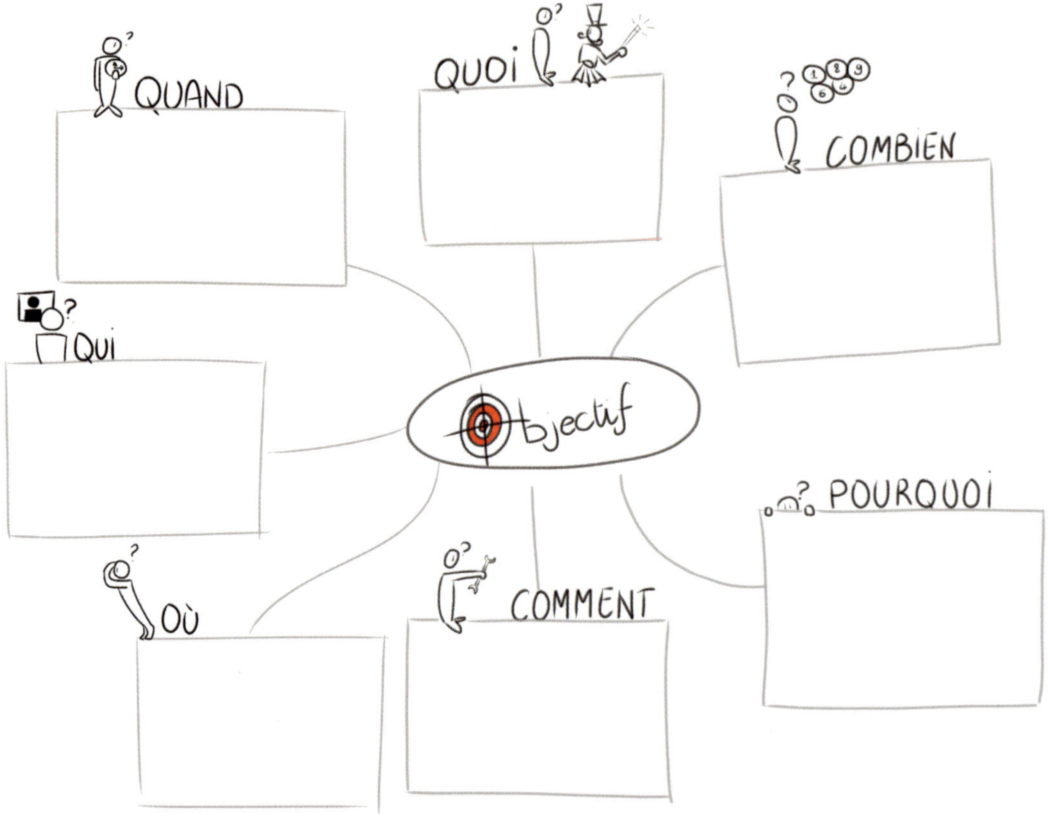

☛ ***QQOQCCP***

■ Un objectif *mesurable*

Votre objectif doit être mesurable. Vous avez donc besoin de déterminer des indicateurs.

Poser des jalons indicateurs vous permettra de mesurer votre avancée vers votre objectif. À tout moment, vous saurez où vous en êtes par rapport à l'objectif. Répondez à la question : « Comment saurai-je que mon objectif est atteint ? »

■ Un objectif *atteignable*

Votre objectif doit aussi être « atteignable » (à la place de cet anglicisme on pourrait utiliser le mot français « accessible »).

Votre objectif est-il accessible ?

Pour déterminer si votre objectif est accessible, posez-vous les questions suivantes :

- **Quelles sont les contraintes internes et externes de votre objectif ?**

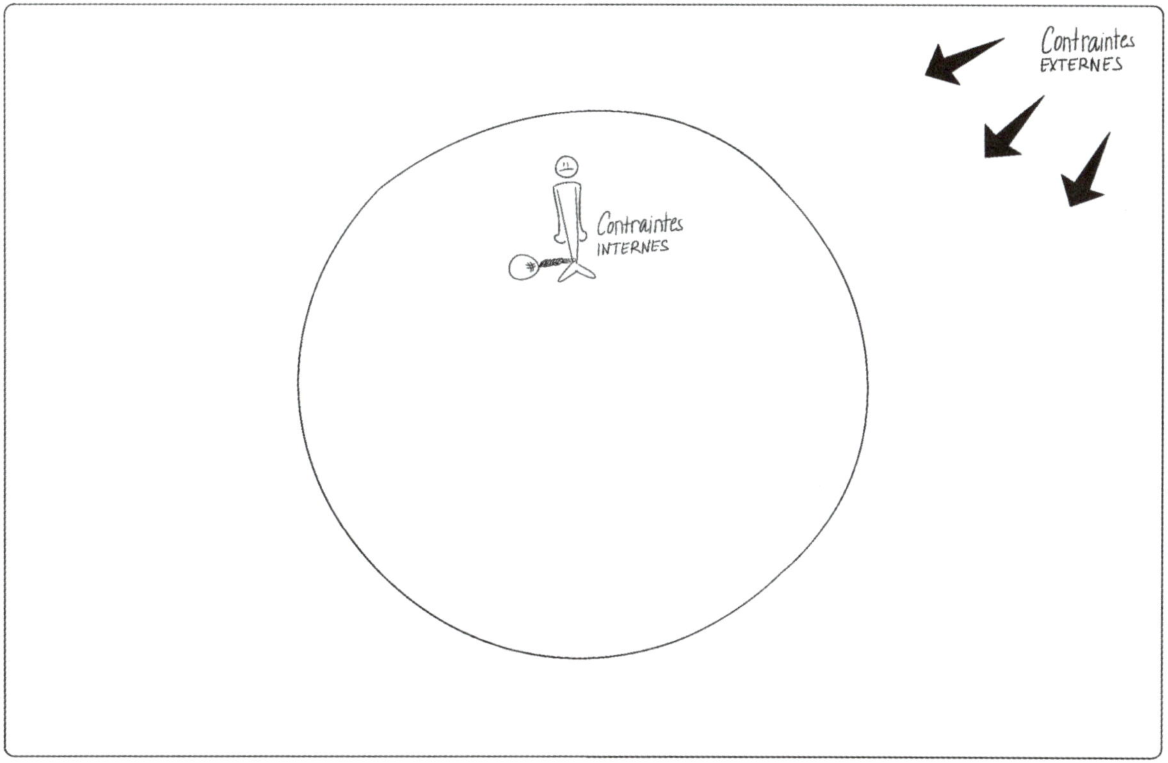

☛ ***Contraintes internes* versus *externes***

- **Quelqu'un d'autre a-t-il atteint cet objectif avant vous ?**
- **Par ailleurs votre objectif est-il mûr ?**
- **Toutes les conditions sont-elles réunies pour que vous puissiez atteindre votre objectif ? Êtes-vous prêt ?**

Un objectif *réaliste*

Votre objectif doit rester également réaliste.

Posez-vous notamment les questions suivantes :

- Avez-vous déjà accompli un objectif similaire ?
- Disposez-vous des ressources nécessaires pour atteindre cet objectif ?
- Est-il possible d'atteindre cet objectif ?

Un objectif *temporellement défini*

Votre objectif doit être temporellement défini.

Pouvez-vous imaginer un match de football professionnel sans durée ? Non évidemment… Pour vos objectifs, ce sera identique. Ainsi, votre objectif doit contenir une date de début et une date de fin. Le temps alloué devra naturellement être réaliste et tenir compte de vos capacités.

Posez-vous les questions suivantes :

- Quand saurez-vous que votre objectif est atteint ?
- Le temps alloué à l'accomplissement de votre objectif est-il réaliste ?
- Votre objectif a-t-il une date de fin impérative ?
- Comment favoriser l'accomplissement de votre objectif ?

Plusieurs pistes sont à suivre pour favoriser l'accomplissement de votre objectif :

- trouver un bénéfice : votre objectif doit vous apporter évidemment des bénéfices à titre personnel. Si votre objectif est fixé par une tierce personne, recherchez un bénéfice afin de conserver votre motivation. Votre objectif ne doit pas non plus vous écarter de tous les plaisirs qui font le sel de la vie. Vous risquez, à terme, de perdre votre motivation si vous ne conservez pas des moments nécessaires pour décompresser ;

- écrire votre objectif pour vous impliquer : écrire votre objectif, c'est passer un engagement, un contrat avec vous. À terme, vous aurez plus de chances d'atteindre votre objectif. Votre objectif doit être également formulé de manière positive pour définir ce que vous voulez et non ce que vous ne voulez pas ;
- se fixer une récompense : fixer une récompense permet de vous remercier pour tous les efforts accomplis. À vous de fixer votre récompense : gagner de l'argent ? acheter un livre ? partir en voyage ? La récompense doit être naturellement établie en fonction de la difficulté à atteindre l'objectif fixé ;
- en parler autour de soi : ne restez pas seul avec votre objectif. En parler autour de vous, c'est vous engager auprès de votre entourage. Vous serez ainsi plus motivé pour atteindre votre objectif. Parfois, une tierce personne vous proposera de l'aide, ne la refusez pas !
- ne pas rester fixé sur un objectif : notre vie n'est pas prévisible à 100 %. En conséquence, votre objectif ne doit pas forcément rester identique. Soyez souple et adaptez votre objectif en fonction des nouveaux paramètres qui apparaissent en cours de route. Toutefois, de la même façon, ne vous éparpillez pas. Concentrez-vous sur quelques objectifs à la fois ;
- pour atteindre les étoiles, visez la lune : en règle générale, les objectifs difficiles à atteindre sont plus stimulants. Si votre objectif est trop difficile, morcelez-le en plusieurs sous-objectifs afin de mieux le digérer.

Sortez de votre zone de confort

Atteindre votre objectif vous oblige à sortir de votre zone de confort.

Arrêtez la procrastination

La procrastination, cette tendance à toujours reporter au lendemain les choses à faire, nous a tous sapé un objectif un jour ou l'autre. Bâtir un plan qui tienne la route vers votre objectif sera le meilleur moyen de ne pas céder à la procrastination.

L'indécision comme source de blocage

Notre vie quotidienne est peuplée de petites et de grandes décisions. Pas une heure ne passe sans que nous soyons obligés de prendre une décision : choisir la chemise bleue ou la noire ? manger de la salade ou choisir un hamburger ?

Notre vie moderne complexifie encore un peu plus notre quotidien. Elle multiplie les options et les choix possibles. Dans un prochain chapitre, nous verrons comment poser les options possibles et prendre une décision la plus claire possible.

Dépassez la peur

Souvent, nous avons peur d'échouer. Lorsque vous vous lancez vers votre objectif, partez du postulat que ce sera possible. Que cette fois-ci ce sera différent et que vous réussirez !

Dépassez votre côté perfectionniste

Certaines personnes se révèlent perfectionnistes pour accomplir leur objectif. Ce côté perfectionniste peut se révéler vite handicapant. En effet, de telles personnes ont du mal à terminer un projet car il reste toujours imparfait. Pour elles, l'atteinte d'un objectif répond souvent à la dichotomie : réussite/échec.

Pour dépasser ce clivage, il peut être intéressant de fixer non pas un mais deux objectifs : un objectif bas et un objectif haut.

Si l'objectif haut est atteint, c'est bien ; si c'est l'objectif bas, c'est pas mal quand même !

Cette pratique permet de dépasser une vision binaire du projet : réussite/échec.

Chapitre 4

PRENEZ EN COMPTE LA RÉALITÉ

« Ce n'est pas parce que les choses sont difficiles que nous n'osons pas, c'est parce que nous n'osons pas qu'elles sont difficiles. »

Sénèque

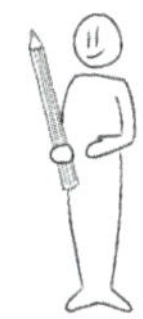

Fort de votre objectif nous devez aussi prendre en compte la réalité.
Cette seconde partie du GROW a en effet pour objectif de vous aider à franchir l'espace vide entre votre réalité et l'objectif à atteindre.

Dessinez votre réalité

Dans un premier temps, un peu comme pour un voyage, vous devez savoir où vous êtes pour voir où vous voulez aller.

La vie ce n'est pas de la tarte !

Le cercle ci-dessous représente votre vie. Découpez-le en trois parties :

- **ce qui va dans votre vie ;**
- **ce qui ne pas va du tout ;**
- **ce qui peut aller.**

La taille de la partie représentera son importance à vos yeux.
Pour chaque partie, ajoutez deux exemples.
Observez le résultat obtenu : que ressentez-vous ? Êtes-vous content(e) ? insatisfait(e) ?

☛ ***La vie, ce n'est pas de la tarte***

Dans un second temps, vous allez croquinoter votre réalité. La dessiner vous permettra de réaliser une photographie à un instant *t* donné. Elle permettra de « voir la réalité en face » pour reprendre l'expression consacrée.

Que faites-vous de vos journées ?

Croquinotez ce que vous faites toute la journée.

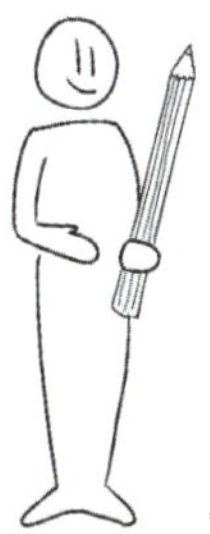

Que faites-vous durant la journée ? À vous de jouer !

Qui sera là pour vous ?

Croquinotez les personnes qui seront impliquées ou à impliquer dans votre projet.

- **Quelles personnes pouvez-vous solliciter ?**
- **Quelles personnes seront impactées par votre décision ?**

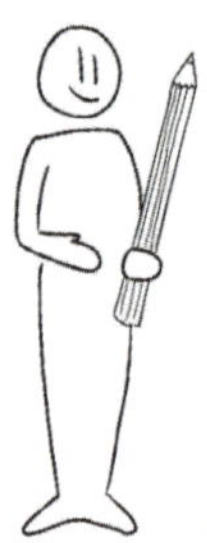

☛ ***Qui sera là pour vous ? À vous de jouer !***

Clair-obscur

Croquinotez ce qui est clair et ce qui est incertain pour vous par rapport à votre objectif.

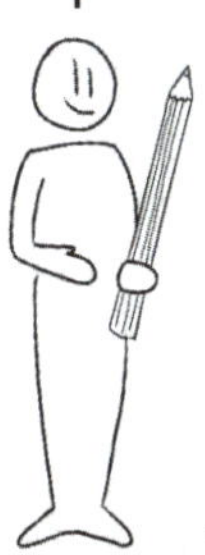

☛ ***Qu'est-ce qui est sûr ou incertain par rapport à votre objectif ?***

Que ressentez-vous ?

Croquinotez vos émotions par rapport à votre objectif.

Qu'est-ce qui est positif/négatif ?

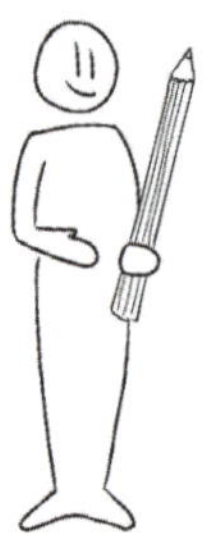

☛ ***Quel est votre ressenti par rapport à votre objectif ?***

Besoin de rien ?

Croquinotez les informations dont vous disposez et celles qui vous manquent par rapport à votre objectif.

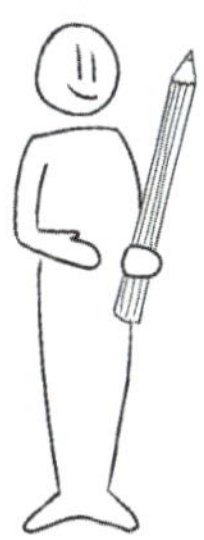

☛ ***Besoin de rien ?***

Où suis-je par rapport à mon objectif ?

Dessinez une échelle avec 10 échelons. Le 10e correspond à l'atteinte de votre objectif, situez-vous sur cette échelle.

Où suis-je par rapport à mon objectif ?

☛ ***Où suis-je par rapport à mon objectif ?***

Pour atteindre votre objectif, vous devez également disposer des ressources nécessaires. Disposez-vous de ces ressources ?

Disposez-vous des compétences nécessaires ?

Votre projet va sûrement nécessiter des compétences et des savoirs.

Croquinotez ces compétences, ces savoirs et ces ressources sous la forme d'un tableau à deux colonnes : je dispose/je ne dispose pas.

Ce dont je dispose ou pas

Ensuite, vous ne pouvez pas vous laisser miner par un esprit négatif.

Du négatif au positif

Tracez un tableau à deux entrées : ce que je n'aime pas/ce que j'aimerais.

Choisissez une thématique dans votre vie (par exemple, vos finances). Dans la première colonne listez tout ce que vous n'aimez pas dans ce périmètre. Ensuite, en fonction de son importance, attribuez une note de 1 à 5. Réduisez votre liste à dix éléments. Dans la seconde colonne, prenez le contre-pied de chaque affirmation notée dans la première. Par exemple, « à la fin du mois, je n'aime pas que mon compte bancaire soit en négatif » ⇒ « à la fin du mois j'aime que mon compte soit en positif ».

☛ ***Du négatif au positif***

Enfin, vous pourrez reconsidérer votre vie à l'aide du quadrant[1] composé des paramètres suivants :

- créer ;
- ajouter ;
- diminuer ;
- supprimer.

☛ ***Le quadrant océan bleu***

1. K. W. Chan, R. Mauborgne, *Stratégie Océan Bleu. Comment créer de nouveaux espaces stratégiques*, Québec, Village mondial, 2012.

Surmontez les obstacles

Surmonter les obstacles suppose d'être orienté solutions. Lorsque vous allez avancer vers vos objectifs, vous rencontrerez inévitablement des obstacles.

En règle générale, face à un obstacle, nous réagissons principalement de deux façons diamétralement opposées :

- soit nous restons devant l'obstacle et nous ruminons pour savoir comment nous aurions pu l'éviter ;
- soit nous réfléchissons : nous analysons les causes du problème pour trouver des solutions afin de surmonter l'obstacle.

Comme vous vous en doutez, la seconde solution nous permet généralement de surmonter les obstacles qui parsèmeront notre route.

Votre problème a disparu !

Imaginez. Vous vous endormez et le lendemain votre problème a disparu ! Comment le saurez-vous ?

Par exemple, vous recherchez un séjour en famille pour vos prochaines vacances. Malgré vos multiples recherches sur Internet, vous ne trouvez pas la formule de votre choix dans votre budget. Vous vous endormez et le lendemain, comme par magie, vous trouvez les vacances de vos rêves. Comment le saurez-vous ? Ces vacances correspondront parfaitement à vos critères de choix : un budget de 1 500 euros pour une semaine, un lieu non francophone, pas d'hôtel mais des bungalows. Dessinez l'état dans lequel vous êtes.

☛ ***Votre problème a disparu !***

Qui sommes-nous ?

■ Ce que nous possédons nous définit en partie

L'instinct de propriété est fortement ancré chez l'être humain. Par ailleurs, il varie en fonction de la culture. Ainsi, les personnes dotées d'une culture individualiste sont plus enclines à développer cet instinct de propriété.

Selon le psychologue américain William James, les objets que nous possédons marquent notre identité. « Selon lui, le soi d'un individu n'est rien d'autre que la somme de "son" corps, "ses" vêtements, "sa" maison, "sa" femme, ses enfants, ses ancêtres, ses amis, sa réputation, son travail, son compte en banque, etc.[1] »

1. Bruce Hood, *Cerveau et psycho*, n° 52, juillet-août 2012.

Qu'est-ce qui est à vous ?

Croquinotez les biens qui définissent en partie ce que vous êtes.

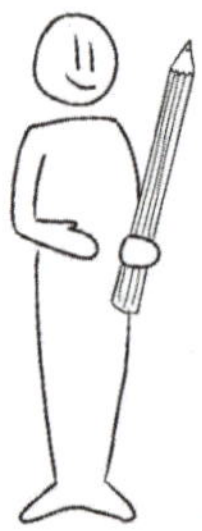

Qu'est-ce qui est à vous ?

Les biens que nous possédons sont également le reflet de nos préférences. Nous choisissons des objets auxquels nous associons des qualités que nous possédons (ou souhaiterions posséder). Certaines personnes achètent par exemple des livres mais ne les lisent pas. Ils les rangent précieusement dans leur bibliothèque.

Quels sont les biens qui reflètent vos qualités ?

Croquinotez les biens que vous possédez et qui reflètent les qualités auxquelles vous vous associez.

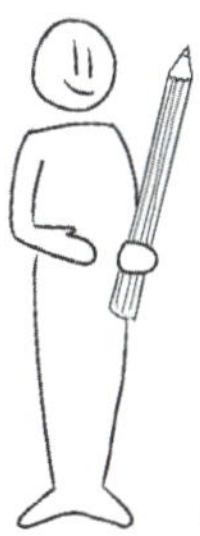

Quels biens reflètent vos qualités ?

Nous accordons également une valeur plus importante aux biens que nous possédons. Ce biais est connu en psychologie comportementale sous le terme d'« effet de dotation ». Ce phénomène a été notamment démontré par le psychologue Daniel Kahneman et ses collègues de l'université de Princeton.

À l'occasion d'une expérience, des étudiants ont reçu des tasses comportant le logo de l'université d'une valeur de six euros. Ils pouvaient les vendre entre eux. Résultat de l'expérience : peu de tasses furent vendues. En effet, les vendeurs ont accordé une plus grande valeur à leur tasse (pourtant identique aux autres). Ils essayaient de la vendre à un prix supérieur et marchandaient celle des autres à un prix inférieur.

Cet effet de dotation existe également chez d'autres primates. Des expériences menées avec des singes montrent un effet de dotation mais uniquement pour la nourriture.

Cet effet de dotation est à l'origine de notre peur de la dépossession. Nous accordons plus de valeur à une perte qu'à un gain équivalent !

Qu'êtes-vous prêt à perdre ?

Qu'êtes-vous prêt à perdre ou à laisser de côté pour atteindre votre objectif ? Croquinotez-le.

Qu'êtes-vous prêt à perdre ?

Ayez de la gratitude pour ce que vous êtes et ce que vous avez

Avoir de la gratitude permet de nous ouvrir à tout ce qui est bien dans notre vie. Cela permet également de développer notre pensée positive.

Découvrir le mind mapping…

Le *mind mapping* est une technique graphique pour organiser ses idées. Elle a été inventée dans les années soixante-dix par le psychologue anglais Tony Buzan.

Le *mind mapping* donne naissance à des *mind map*. En français, nous pourrions traduire ce terme par « carte mentale ».

Comment réaliser une carte ?
1. Positionnez une feuille vierge au format paysage.
2. Notez le thème de votre carte au centre de la feuille ; entourez-le.
3. Notez les idées relatives à votre terme sur des branches reliées à votre centre.

Quels sont les composants de la carte ?

Une carte mentale contient les éléments suivants :

- couleur : dans une carte mentale, la couleur remplit plusieurs fonctions : dialoguer avec vos émotions, grouper vos idées ;
- images : les images elles aussi permettent de dialoguer avec vos émotions. Elles représentent également un concentré d'informations ;
- mots-clés : dans la carte mentale, vous utilisez non pas de longues phrases mais des mots-clés. Il y a un mot-clé par branche.

Élaborez une carte de gratitude

Déterminez ce qui vous rend heureux dans la vie et ce pour quoi vous êtes reconnaissant. Dans un premier temps, réalisez une carte mentale avec tous les éléments de votre vie dont vous êtes reconnaissant : tracez un cercle au centre de votre feuille. Au milieu, notez « Ma carte de gratitude ». Ensuite, notez autour du cercle les éléments de gratitude.

Dans un second temps, réorganisez votre carte mentale. Créez des catégories puis entourez-les à l'aide de nuages. Grâce à eux, vous verrez dans quel(s) domaine(s) de votre vie vous êtes le plus heureux.

Par exemple :

- **santé ;**
- **finances ;**
- **famille ;**
- **spirituel.**

Régulièrement, revisitez votre carte pour la mettre à jour.

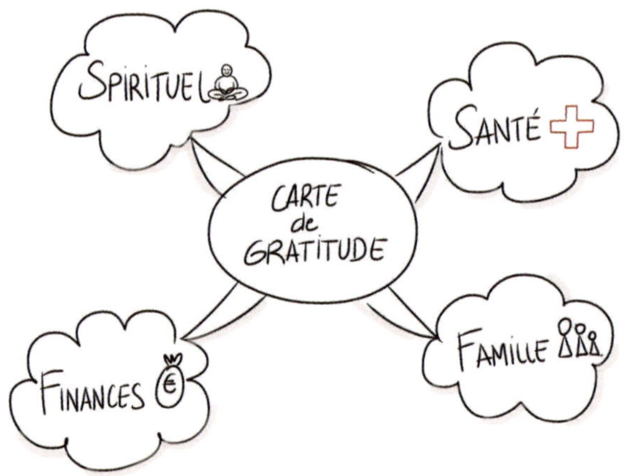

☛ ***Exemple de carte de gratitude***

☛ ***Carte de gratitude : à vous de jouer***

Chapitre 5

ÉVALUEZ LES OPTIONS POSSIBLES ET DÉCIDEZ-VOUS

> « *Vous êtes maître de votre vie, et qu'importe votre prison, vous en avez les clefs.* »
>
> **Le Dalaï Lama**

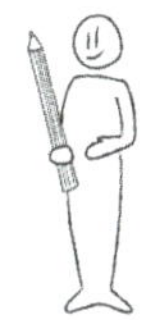

Mener un projet à terme consiste à prendre des décisions tout au long du parcours.

Dans ce chapitre, par le biais de nombreux exercices, nous allons parcourir le champ des possibilités. Nous devrons déterminer toutes les options possibles par rapport à notre projet. Nous devrons également faire un choix, bref décider quelle est la meilleure option à cet instant *t* donné.

Listez les différentes options

La partie options du GROW va s'attacher dans un premier temps à lister toutes les options possibles. Avant de choisir parmi les deux ou trois premières alternatives qui se présentent, vous devez prendre un peu de temps pour lister toutes les possibilités.

Posez-vous notamment la question : « Et si l'argent n'était pas un problème, qu'est-ce que je ferais ? »

Ensuite, il faut éventuellement éliminer les options impossibles. Naturellement, en fonction du contexte ou du *timing*, certaines options pourraient devenir possibles. Pour chaque option, vous devez envisager les avantages, les inconvénients et les conditions.

Envisager toutes les options

Croquinotez, sous la forme d'une arborescence, toutes les options possibles relatives à votre projet. Découpez les options principales et secondaires, et ainsi de suite. Notez également les avantages, les inconvénients, les conditions de chaque option. Ensuite biffez toutes les options impossibles.

Nota : pour réaliser l'arbre des possibles vous pouvez utiliser un logiciel de *mind mapping*. En effet, le nombre d'options croît rapidement ; sous forme manuelle la carte risque vite de dépasser les limites du papier conventionnel.

Pour chaque option, indiquez également ce que vous allez faire en cas d'échec.

Qu'allez-vous faire ?

Pour vous aider à prendre votre décision, vous pouvez répondre aux trois questions suivantes :

- Quelles sont les actions les plus simples ?
- Quelles actions auraient le plus d'impact ?
- Que voulez-vous faire ?

Pour répondre enfin à l'ultime question : que ferez-vous ?

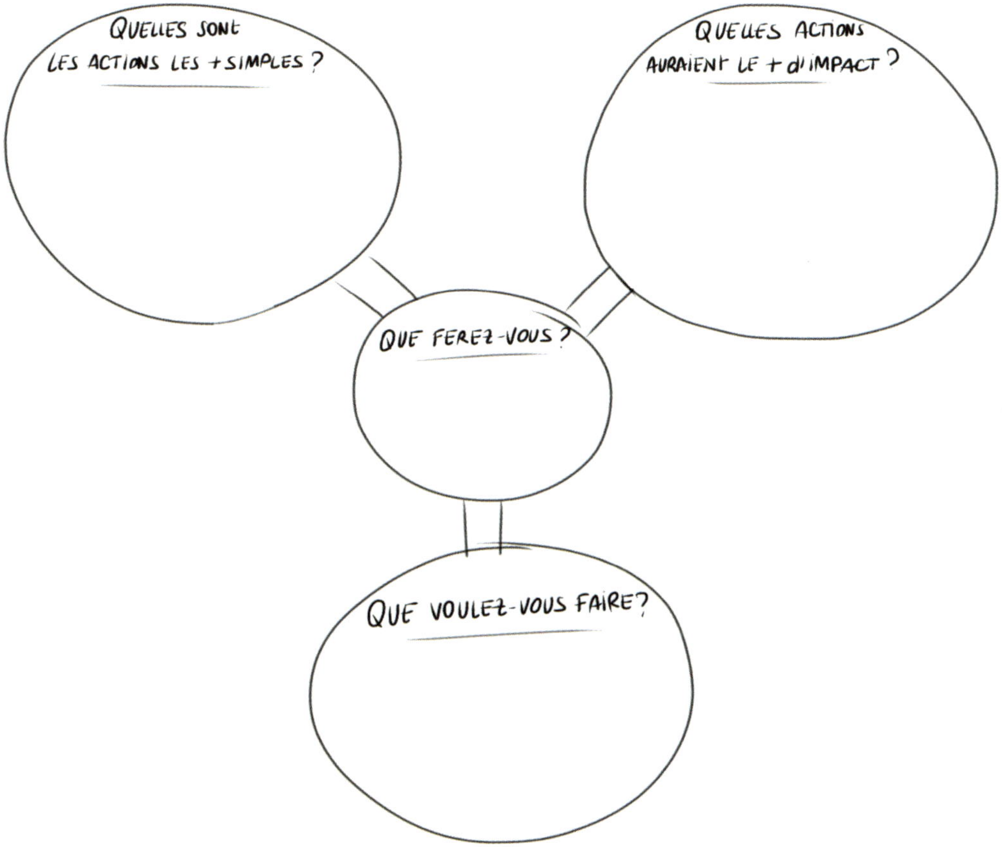

☛ *Prendre une décision*[1]

Enfin, parmi les options possibles, vous devrez procéder à un choix. Naturellement, vous pouvez cumuler certaines options. Choisissez également des indicateurs que vous pourrez suivre pour votre option.

1. Adapté de *http://dmgw.s3.amazonaws.com/Do-More-Great-Work-Maps.pdf,* consulté le 31 juillet 2012.

Quand plus c'est moins !

Dans son livre *Le Paradoxe du choix : Et si la culture de l'abondance nous éloignait du bonheur ?*, Barry Schwartz nous démontre pourquoi multiplier les choix possibles entraîne paradoxalement des effets négatifs.

Nos sociétés occidentales modernes reposent sur le paradigme de la liberté individuelle. Le moyen choisi pour la maximiser revient à multiplier le nombre de choix possibles. Barry Schwartz prend l'exemple de notre société de consommation. Dans nos supermarchés, nous trouvons une pléthore de produits : des dizaines et des dizaines de sortes de biscuits, de vinaigre, etc. Nos téléphones portables sont remplis de fonctionnalités les plus variées : mp3, jeux, etc. Choisir un téléphone portable devient un véritable casse-tête.

La multiplication des choix ne se cantonne pas à notre société de la consommation, elle s'étend pratiquement à toutes les sphères de notre société. Dans notre vie privée, avant, pour caricaturer, les choses étaient simples : il convenait de trouver le plus rapidement possible un partenaire pour se marier et faire des enfants. Désormais, les individus se posent la question de se marier ou non, les couples s'interrogent pour savoir si c'est le bon moment pour faire des enfants, etc.

Notre société de l'information nous bombarde également de toutes sortes de messages sur lesquels nous devons porter des micro-choix. Répondre ou non à cet email, lire ou non ce SMS, répondre ou non à cet appel. Le tout le plus souvent en simultané. Disposer de trop de choix conduit à la paralysie. Nous n'arrivons pas à nous décider. Même si nous dépassons cette inaction, et que nous réussissons à nous décider, le résultat entraînera plus d'insatisfaction que si nous avions eu moins de choix. Plus vous disposez d'options, plus vous avez des risques de regretter votre choix. De plus, la valeur que nous accordons à des éléments dépend de leur comparaison. Plus nous avons d'options et plus nous allons envisager les bénéfices des autres possibilités. Enfin, augmenter le nombre de possibilités, démultiplie nos attentes. Et plus ces dernières sont hautes plus nous avons des chances de devenir insatisfait par rapport à notre choix.

Prenez une décision (si possible la bonne)

Chaque jour, nous prenons des décisions, des petites (par exemple, acheter ce pantalon ou cet autre) et parfois des grandes (par exemple, acheter une maison). Bien sûr, ces dernières pourront impacter durablement notre vie et celle de nos proches. Bien souvent, nous reportons notre décision de peur de nous tromper.

Notre cerveau est conformiste ![1]

Une zone cérébrale de notre cerveau, le cortex frontal postéromédian, nous pousse à suivre une décision exprimée par une majorité de personnes. Des neuroscientifiques de l'université de Nimègue ont inactivé cette zone du cerveau à l'aide d'ondes magnétiques chez des personnes. Résultat : leur avis tendait à rester indépendant de celui exprimé par la majorité.

Les émotions tiennent également un rôle important.

Nos décisions ne sont pas rationnelles à 100 %, loin de là ! Les émotions jouent un rôle déterminant dans le processus. Dans les années 1980, le neurologue Antonio Damasio fut intrigué par le comportement d'un de ses patients nommé Elliot. Suite à l'ablation d'une partie avant de son encéphale (en charge des stimuli émotionnels), Elliot se révéla désormais incapable de prendre la moindre décision.

Par la suite, dans son livre *L'Erreur de Descartes*[2], Antonio Damasio a développé la théorie des marqueurs somatiques. Selon cette théorie, nos choix sont marqués par des souvenirs émotionnels (conscients ou inconscients). Ces marqueurs nous aident à aiguiller nos décisions. Attention toutefois de ne pas nous laisser submerger par nos émotions. Elles doivent servir avant tout de système d'alarme.

Face à une décision à prendre, chacun réagit de façon différente. Certains agissent plutôt de façon impulsive tandis que d'autres seront plutôt rationnels.

1. « Cerveaux anticonformistes », *Cerveau et psycho*, n° 50, mars-avril, 2012, p. 7.
2. A. Damasio, *L'Erreur de Descartes. La raison des émotions*, Paris, Odile Jacob, 2010.

Êtes-vous plutôt impulsif ou rationnel ?[1]

Pour mieux connaître votre comportement face à une décision, vous pouvez réaliser un exercice simple. Tracez trois colonnes avec les intitulés suivants : Je devrais/j'aimerais/j'ai choisi. Observez votre passé proche. Par exemple, mercredi dernier, vous deviez tondre la pelouse et, à la place, vous avez regardé la TV. Dans la colonne « Je devrais », vous écrivez : « tondre la pelouse » ; dans la colonne « J'aimerais », vous écrivez : « regarder la TV » et dans la colonne « J'ai choisi », « regarder la TV ».

Je devrais	J'aimerais	J'ai choisi
Tondre la pelouse	Regarder la TV	Regarder la TV

À vous de jouer !

Je devrais	J'aimerais	J'ai choisi

Une fois la liste terminée, comparez les colonnes. Si vous avez plus de correspondances entre la colonne « Je devrais » et « J'ai choisi » : vous êtes plutôt rationnel. Si vous avez davantage de correspondances entre la colonne « J'aimerais » et « J'ai choisi » vous êtes plutôt impulsif.

Si vous êtes plutôt impulsif, vous pourrez compenser un peu grâce aux méthodes suivantes :

- déterminer un délai minimum avant de prendre votre décision. Temporiser un peu permet de ne pas céder à ses émotions et ainsi de ne pas réagir à chaud ;
- planifier le projet. Découper le projet en différentes étapes permet de mieux jauger l'importance de votre projet et de ne pas céder à l'enthousiasme.

Si vous êtes plutôt rationnel, vous gagnerez à écouter un peu plus vos émotions.

1. Adapté d'Andrée Laurier *http://www.acsm-ca.qc.ca/mieux_v/images/BB03/MJM-014.pdf*, consulté le 7 août 2012

Par ailleurs, si vous êtes trop rationnel, vous aurez tendance à vous faire systématiquement l'avocat du diable. Un bon moyen de ne pas céder à ce travers reste de voir l'autre côté.

Ne cédez pas à l'avocat du diable

Tracez deux colonnes sur votre feuille. Dans la première colonne, notez tous les désavantages que vous entrevoyez pour votre projet. Par exemple, pour le projet « devenir formateur » alors que vous êtes fonctionnaire : « Je vais perdre la sécurité de l'emploi. »

Dans la seconde colonne, notez la réfutation des éléments de la première colonne, par exemple : « Je vais gagner en liberté. »

☛ ***Oui mais***

Décider en toute logique

- **Problème 1 : Quatre cartes sont posées sur une table. Chacune a un chiffre sur une face et une lettre sur l'autre, une seule face étant visible : D ; K ; 7 ; 5.**

  Quelle(s) carte(s) faut-il retourner pour vérifier que la règle suivante est respectée : « Si une carte a un D sur une face, alors elle porte un 5 sur l'autre face. »

  Il ne faut ni en retourner une inutilement, ni oublier d'en retourner une.

  Réponse : Vous devez retourner deux cartes : celle avec la lettre D visible, celle avec le n° 7 visible. Si le 5 n'est pas présent au dos de la carte D alors elle ne respecte pas la règle. Et si au dos de la carte 7 il y a un D, celle-ci ne respecte pas la règle.

- **Problème 2 : Quatre personnes sont dans un bar. Vous ne les voyez que de dos. La première boit une bière, la seconde une menthe à l'eau, la troisième est âgée de 15 ans et la quatrième en a 32. Quelle(s) personne(s) devez-vous interroger sur leur âge ou sur le contenu de son verre pour vous assurer que tous respectent bien la règle suivante : si une personne boit de l'alcool, elle doit avoir plus de 18 ans[1] ?**

  Réponse : Vous devez demander quel est son âge au buveur de bière et à la personne de 15 ans ce qu'elle boit.

Sans doute avez-vous mieux réussi le problème 2. Pourtant, en termes de logique, les deux problèmes sont équivalents. Face à deux problèmes logiques identiques, nous résoudrons plus facilement celui qui est concret. Utiliser des croquinotes pour résoudre un problème nous aide donc à le rendre concret et facilite le processus de résolution.

1. R. Persiaux, « Et donc Socrate est un chat », *Les Grands Dossiers des sciences humaines*, n° 7, juin-juillet-août 2007, p. 44.

Demander conseil à un ami

Si vous prenez une décision seul, vous risquez de rester enfermé dans votre univers. Parfois, demander le point de vue d'un ami peut se révéler intéressant. Attention, toutefois, afin de rester neutre, cet ami doit être étranger à votre contexte quotidien.

Pour prendre une décision, vous pouvez également vous baser sur le modèle de l'élastique.

L'approche classique pour prendre une décision consiste à peser le pour et le contre *via* un tableau en T avec d'un côté le pour et de l'autre le contre. Dans *Le Livre des décisions*[1], Mikael Krogerus et Roman Tschäppeler proposent une approche similaire mais peut-être mieux adaptée : le modèle de l'élastique. Face à un dilemme, changer de poste par exemple, le modèle de l'élastique propose d'évaluer les deux contractions suivantes :

- Qu'est-ce qui me retient ?
- Qu'est-ce qui m'attire ?

Le modèle de l'élastique permet de dépasser la dichotomie pour ou contre, en positivant les deux positions. Ainsi, chaque « possible » peut devenir attractif.

☛ ***L'élastique***

1. M. Krogerus et R. Tschäppeler, *Le Livre des décisions*, Paris, Leduc.s Éditeur, 2012.

Par exemple, devenir formateur indépendant :

- ce qui m'attire : l'argent, la liberté, la gestion de mon temps ;
- ce qui me retient : la sécurité de l'emploi.

Dans un premier temps, déterminez des critères pour prendre votre décision. Ensuite, vous pourrez comparer chaque option en fonction de ces critères.

Évaluez les critères de choix

Par exemple, les critères pour devenir formateur sont : argent, liberté, temps libre ; les options sont : formateur, organisme, formation.

	Critère 1	Critère 2	Critère 3
Option 1			
Option 2			
Option 3			

Quels sont les conséquences et les risques de ma décision ?

Une fois l'option choisie, vous pouvez évaluer les conséquences et les risques liés à court terme (de 1 à 2 ans), moyen terme (de 2 à 5 ans) et long terme (supérieur à 5 ans).

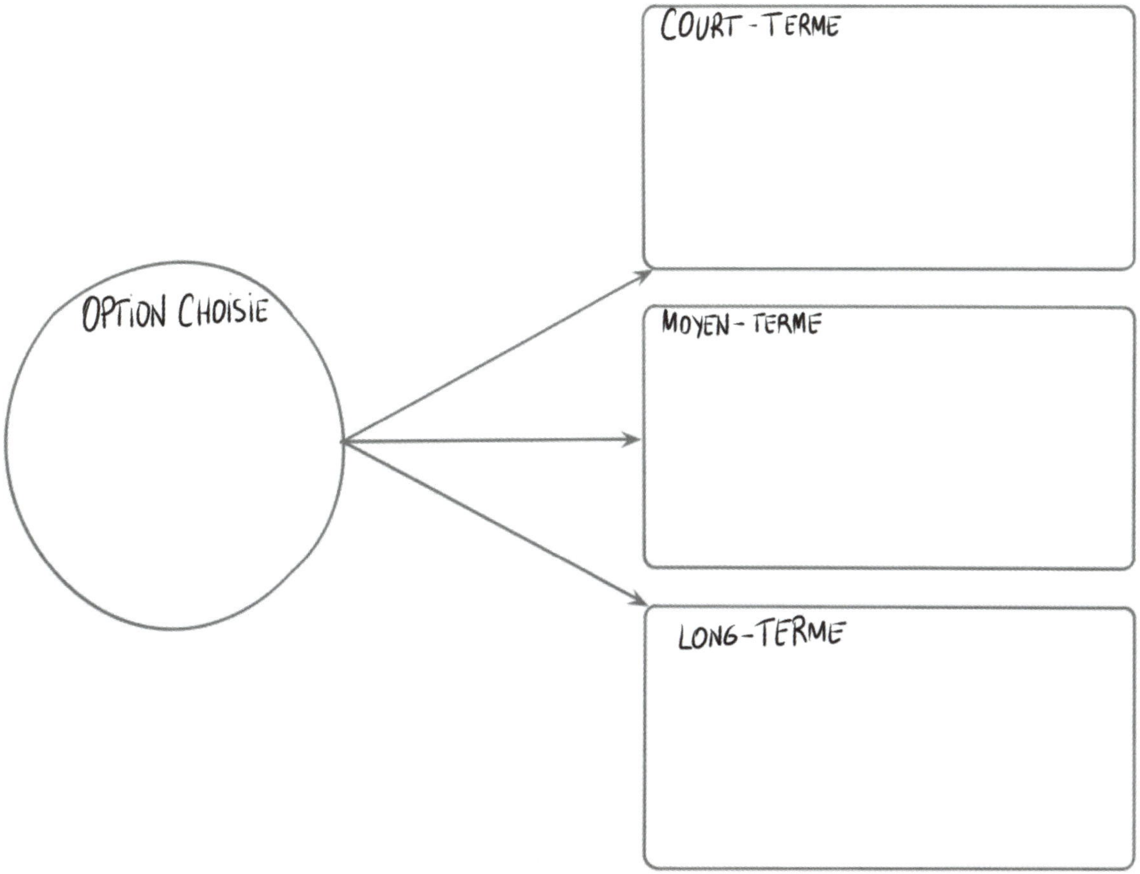

☛ ***Choisir son option à plus ou moins long terme***

Le modèle des conséquences[1]

Bien souvent au début d'un projet, nous manquons d'informations, nous repoussons donc les décisions à prendre. Pourtant, *via* le modèle des conséquences, des chercheurs (cités par Krogerus et Tschäppeler), Kristian Kreiner et Soren Christensen, nous encouragent à prendre des décisions même si nous ne disposons pas de toutes les informations nécessaires.

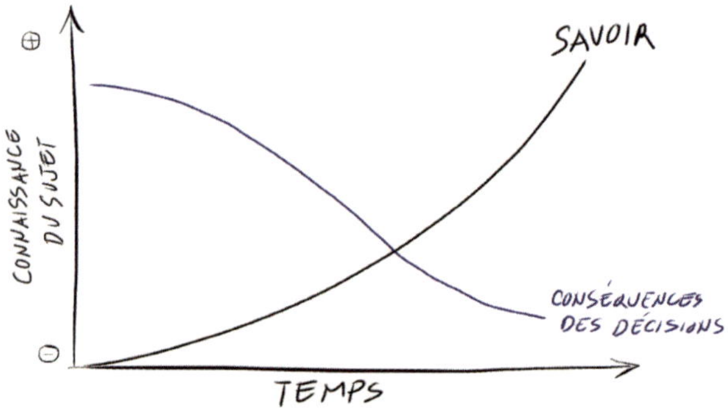

☛ ***Le graphique de décision***

Nos choix dépendent-ils de notre corps ?

Selon que vous soyez droitier ou gaucher certains de vos choix seront différents. Apparemment nous associons notre côté dominant avec le bon et le côté non dominant avec le mauvais. Nous préférons également les personnes ou les biens qui se trouvent du bon côté : le dominant ! La cognition serait incarnée. Nos idées seraient impactées par notre corps. (Voir M. Hutson, « Right hand, Right choice, Why we are biased toward things on our dominant side », ***Scientific American Mind***, juillet-août 2012, p. 11.)

1. 1. M. Krogerus et R. Tschäppeler, *Le Livre des décisions*, LEDUC.S, 2012.

Chapitre 6

AU TRAVAIL !

« La plus grande école, c'est l'école de la vie. Dans la vie, tu as deux choix le matin. Soit tu te recouches pour continuer à rêver, soit tu te lèves pour réaliser tes rêves. »

ANONYME

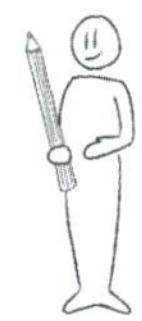

Après avoir mûrement réfléchi à votre objectif, il est temps de prendre les mesures nécessaires pour l'atteindre. Dans la méthode GROW, le *work* (en français « travail ») constitue l'étape finale.

Organisez vos idées

Le moment est venu de démarrer votre projet pour atteindre votre objectif. Pour commencer en douceur, rien de tel qu'un *brainstorming* afin de mobiliser toutes vos idées pour la réussite de votre projet. Un outil graphique se prête particulièrement bien au *brainstorming* : le *mind mapping*.

Brainstorming autour de votre objectif

Dans un premier temps, notez votre objectif dans une bulle au centre d'une feuille, ensuite lancez un *brainstorming* autour de votre projet. Notez toutes les idées qui vous passent par la tête sur des branches autour de votre centre. Ne vous censurez pas.

Quelques conseils pour le *brainstorming*

Lors du *brainstorming*, les idées ne sont pas figées ; vous devrez notamment les déplacer pour réorganiser votre carte. Au début du processus, utilisez donc des outils facilitant les modifications : logiciel, crayon à papier et gomme, post-it. Durant cette phase, ne vous souciez pas trop de respecter rigoureusement les principes du *mind mapping*, par exemple un mot par branche. Les cartes n'ont pas besoin d'être exhaustives. La méthode présentée dans ce chapitre contient plusieurs étapes qui permettent d'enrichir les cartes petit à petit.

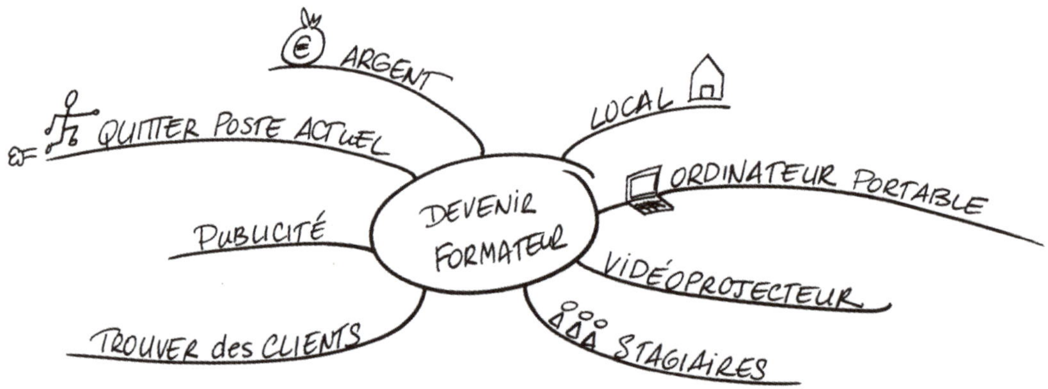

☛ **Brainstorming** ***: « devenir formateur »***

Nota : les cartes présentées dans ce chapitre n'ont pas vocation à être exhaustives, elles ont pour ambition simplement de montrer le processus d'idéation.

Dans un second temps, réorganisez votre carte, créez des catégories. Elles vont vous aider à générer de nouvelles idées. Durant cette phase, vous pouvez scinder certaines branches où vous avez noté une phrase en plusieurs sous-branches avec un mot-clé par branche. Naturellement, tout au long du processus, si certaines idées germent dans votre tête, n'hésitez pas à les ajouter à votre carte. Vous pouvez également connecter les idées entre elles *via* des liens graphiques.

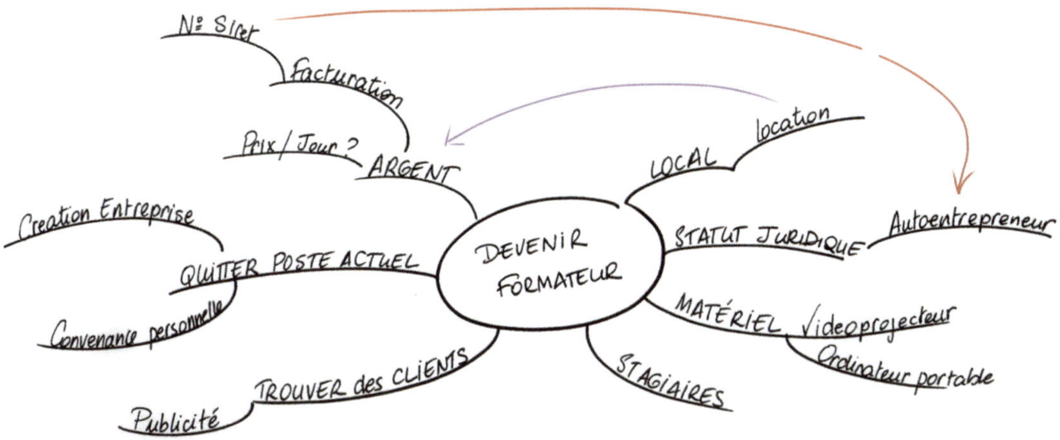

☛ **Brainstorming *organisé***

Du *brainstorming* au QQOQCCP

Une fois votre *brainstorming* terminé, il est temps de voir si vous avez réalisé le tour du sujet. Un autre outil est alors particulièrement utile : le QQOQCCP. Prenez toutes les idées trouvées dans votre *brainstorming*, et répartissez-les dans les catégories suivantes : qui ? quoi ? où ? quand ? comment ? combien ? pourquoi ? Naturellement, par la suite, vous pouvez compléter les différentes catégories de questions notamment celles qui restent vides.

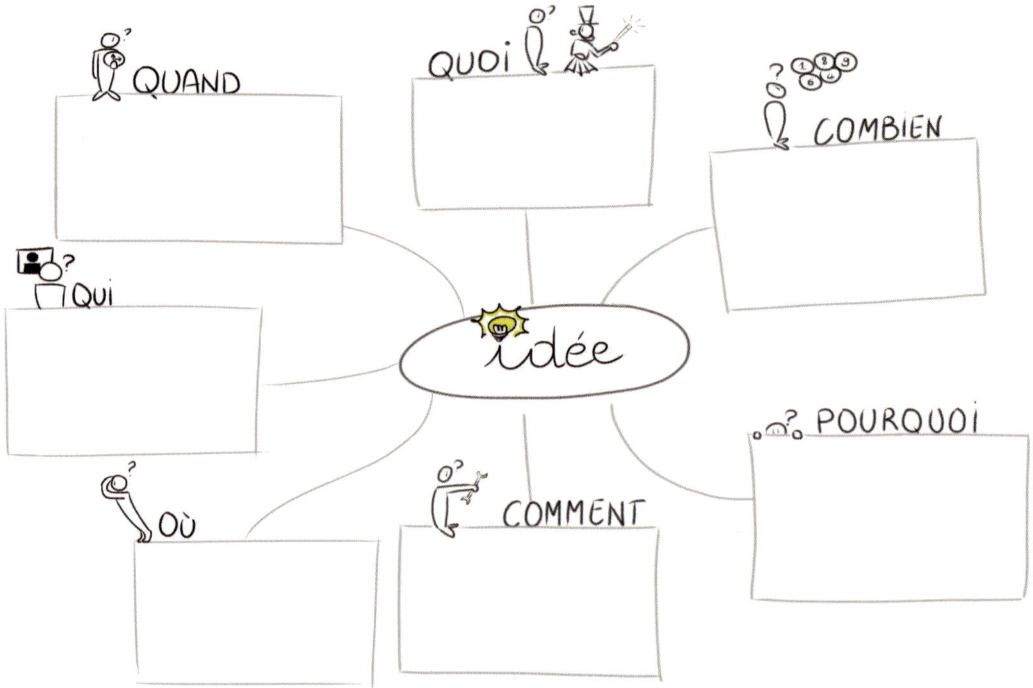

☛ ***QQOQCCP***

Planifiez

En route vers l'objectif

Une fois le *brainstorming* intégral terminé, renotez l'objectif de votre projet (déterminé dans le chapitre 3).

Tentez de déterminer les étapes nécessaires pour accomplir votre objectif. Le plus simple pour y arriver sera de procéder à reculons à partir de votre objectif (un peu comme pour trouver le chemin d'un labyrinthe dans un jeu).

Déterminez les points d'étapes de votre projet

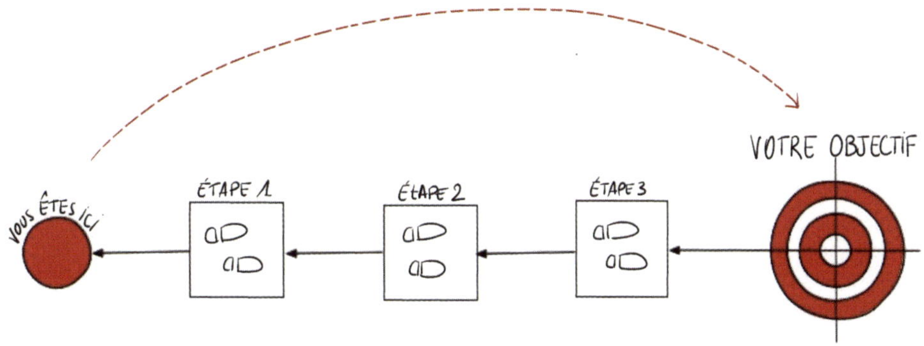

☛ *Les points d'étapes vers votre objectif*

Une fois les différentes étapes déterminées, il conviendra de les placer comme des jalons vers votre objectif.

Cheminez vers le haut de la montagne

Afin de visualiser les différentes étapes à passer pour atteindre l'objectif, vous pouvez utiliser la métaphore de la montagne.

Au sein de votre carte QQOQCCP, déterminez les points d'étapes essentiels à la réussite de votre projet. Ensuite, dessinez un chemin qui serpente le long d'une montagne. En bas de la montagne, notez votre situation actuelle. En haut de la montagne, dessinez un drapeau d'arrivée et notez votre objectif. Dans les rayons du soleil notez les éléments d'un objectif SMART. Dessinez également un soleil. Indiquez sur le chemin vos points d'étapes. Notez également les obstacles possibles. Pour chacun d'entre eux, indiquez si possible le ou les moyens de les dépasser.

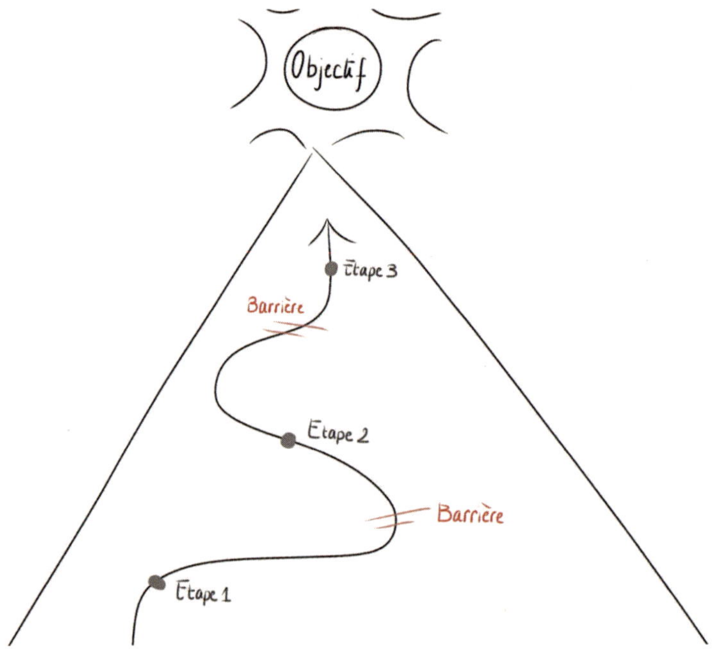

☛ ***L'objectif en haut de la montagne***

Déterminez également des délais prévisionnels pour chaque étape.

Faire décoller la fusée

Le lancement d'un projet s'apparente à celui d'une fusée. Pour se libérer de l'attraction terrestre, une fusée a besoin de dépenser une énorme quantité d'énergie. Lancer un projet nécessite également d'y consacrer une grande partie de son énergie au tout début. Ainsi, contrairement à une idée reçue, séquencer la distribution de ses ressources n'est pas forcément une bonne idée pour réussir un projet.

Déterminez les différentes phases (avant/pendant/après)

À partir des étapes définies précédemment, découpez votre projet en phases macroscopiques (par défaut vous pouvez utiliser la séquence avant/pendant/après). Pour chaque phase, indiquez les grandes étapes puis déterminez les différentes tâches à accomplir avec si possible des dates prévisionnelles.

Bien souvent, une fois arrivés à destination, nous relâchons nos efforts, c'est une grave erreur. Si nous voulons que notre objectif se pérennise, nous devons continuer à lui donner une certaine impulsion.

Débutez

Débuter se révèle souvent le plus difficile parce que soit nous ne savons pas par où commencer, soit nous reportons sans cesse l'action à réaliser car nous ne l'avons pas définie assez précisément. Pour vous mettre en marche plus facilement, vous pouvez vous inspirer de la méthode GTD et définir la prochaine action physique à réaliser.

La technique des petits pas

Déterminez les trois premières actions physiques à accomplir pour commencer votre chemin vers votre objectif.

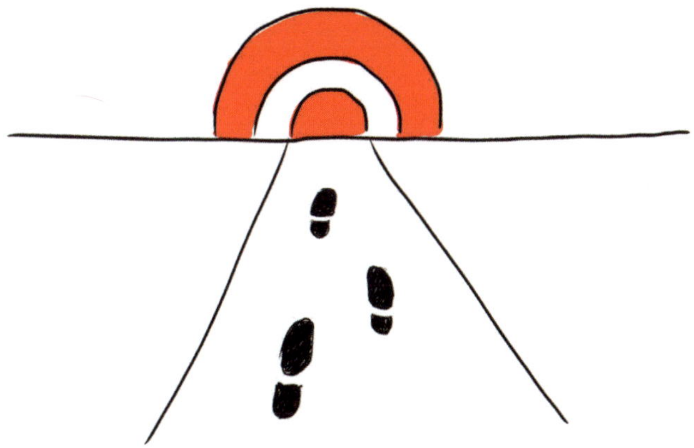

☛ ***Les trois premiers pas vers votre objectif***

Découvrir la méthode GTD

L'acronyme GTD signifie *getting things done* (en français « faire avancer les choses »). La méthode GTD a été développée par David Allen. Elle propose de s'organiser sous la forme d'un flux. Les principes de la GTD sont relativement simples :

- ✔ se vider l'esprit ;
- ✔ déterminer la prochaine action physique ;
- ✔ revoir son système de façon hebdomadaire ;
- ✔ organiser ses actions par contexte.

Choisissez des tâches à réaliser

Dans votre liste de tâches pour votre projet, choisissez-en une à réaliser dans :

- **la journée ;**
- **les deux jours ;**
- **la semaine.**

Suivre votre projet

Afin de mener à bien votre projet, vous devez naturellement le suivre de près. Dans un premier temps, vous pouvez dessiner un petit bonhomme (vous) sur un post-it et le déplacer sur votre chemin de montagne pour visualiser votre avancée. Vous pouvez également vous inspirer de la méthode Toyota du *kanban*. C'est un simple tableau avec les colonnes :

- à faire ;
- en attente ;
- en cours ;
- terminé.

Vous notez les différentes tâches à réaliser sur des post-it et vous les déplacez en fonction de leur état.

Faire bouger l'éléphant

Dans leur livre *Switch, osez le changement*, les frères Chip et Dan Heath, tous deux psychologues, ont développé une méthode pour changer plus facilement. Ils se sont notamment basés sur des travaux scientifiques en psychologie. Pour illustrer leurs propos, ils ont repris l'analogie de l'éléphant proposée par Jonathan Haidt, psychologue à l'université de Virginie.

Nous sommes guidés à la fois par notre côté :

- ✔ émotionnel : l'éléphant ;
- ✔ rationnel : le conducteur.

Sur le dos de l'éléphant, le conducteur semble le maîtriser. Toutefois, de par son poids et sa taille, l'éléphant reste difficile à conduire. D'ailleurs, l'éléphant est souvent paresseux, capricieux, voire enfantin.

La méthode du changement des frères Heath peut se décomposer en trois phases :

1. Diriger le conducteur

- ✔ Déceler les éléments prometteurs : lorsque nous voulons changer, nous sommes souvent paralysés uniquement en pensant aux futurs problèmes et obstacles que nous allons rencontrer. Pour les frères Heath, la solution consiste à déceler les signes précoces de succès pour les reproduire.
- ✔ Déterminer les étapes décisives : trop de choix tue le choix. Face à l'incertitude, l'éléphant choisit par défaut le chemin habituel. Le conducteur doit déterminer une feuille de route claire pour entrer dans l'action.
- ✔ Déterminer le cap : des objectifs trop vagues et trop larges sont improductifs pour changer. L'éléphant a besoin que la destination reste à portée de vue.

2. Motiver l'éléphant

- ✔ Prendre en compte ses émotions : la rationalité n'est pas toujours bonne conseillère en matière de décision. Mieux vaut nous laisser guider par nos émotions.

...

• • •

- ✔ Diminuer la taille du changement : un éléphant se décourage rapidement. Pour le garder motivé, il faut morceler les tâches pour les rendre plus digestes !
- ✔ Respecter notre identité : changer ne doit pas contredire notre identité sous peine d'un échec assuré.

3. Tracer le chemin

- ✔ Simplifier l'environnement : l'éléphant n'aime que modérément les obstacles. Pour lui faciliter la vie et le faire avancer, mieux vaut simplifier au préalable son environnement.
- ✔ Créer des routines : l'idée consiste à substituer des mauvaises habitudes par des bonnes. Les frères Heath prônent l'utilisation de déclencheurs d'action.
- ✔ Suivre les bons éléphants : par défaut, l'éléphant a un instinct moutonnier, il imite le comportement du reste du troupeau. Ainsi, il est important de bien s'entourer pour suivre le bon exemple.

Partie 3

CROQUEZ VOS IDÉES

Cette partie a pour ambition de vous donner les clés pour devenir autonome dans l'expression visuelle de vos idées. Dans un premier temps, vous apprendrez pourquoi le visuel est biocompatible avec notre cerveau.

Ensuite, vous apprendrez à dessiner des formes simples. Enfin, vous apprendrez à accoupler les différentes formes graphiques pour donner naissance à vos propres croquinotes.

Chapitre 7

POURQUOI ÇA MARCHE ?

« *Le cerveau, c'est mon deuxième organe préféré.* »

WOODY ALLEN

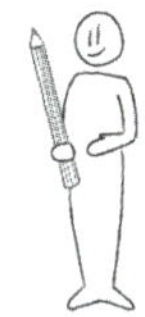

Le croquinote se présente sous la forme d'un *melting-pot* graphique composé à la fois de textes et de dessins au sens large. Toutefois, derrière cette apparence simple, voire simpliste pour certains, le croquinote propose une équation qui colle à notre fonctionnement physiologique.

Pourquoi le croquinote est-il biocompatible avec notre cerveau ?

Notre cerveau aime le visuel

L'importance du visuel

Pourquoi ça marche ?

Comme l'indique le professeur Mriganka, du département du cerveau et des sciences cognitives du MIT, « la moitié du cerveau est assignée directement ou indirectement à la vision ».
Le croquinote colle à notre fonctionnement cérébral par :

- l'utilisation d'images : une image est reconnue plus rapidement que le texte correspondant. De plus, les images représentent un véritable concentré d'informations. Décrire par le texte un objet présent sur une image est beaucoup plus long que présenter l'image. Le psychologue canadien Allan Paivio a également démontré que les images bénéficiaient d'un double codage : verbal et visuel ;

- la perception préattentive : transformer des concepts abstraits en informations visuelles permet d'utiliser notre aptitude naturelle à reconnaître les motifs. Les psychologues ont démontré que l'être humain disposait d'une perception préattentive avec les caractéristiques suivantes :
  - « sans effort ;
  - d'un coup d'œil ;
  - en temps constant[1] ».

Dans la figure qui suit, la couleur rouge permet de distinguer rapidement le rond rouge des autres ronds.

Un rond rouge parmi des ronds bleus

Dans la figure suivante, la forme circulaire permet de distinguer rapidement cette forme parmi les carrés.

1. *http://www.slideshare.net/Microsoft_France/big-data-revolution-1-infoviz-dataviz-quand-linformation-prend-du-sens.*

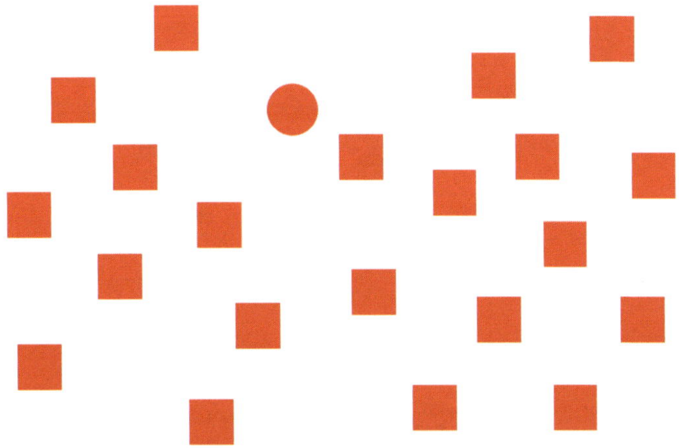

☛ ***Un rond parmi les carrés***

Certaines caractéristiques préattentives interfèrent toutefois entre elles. Par ailleurs, « les caractéristiques sont préattentives dans certaines limites :

- sept couleurs maximum ;
- deux ou trois formes[1] ».

Dans la figure suivante, distinguer les éléments entre eux devient plus difficile car certaines formes et/ou couleurs sont identiques.

1. *http://www.slideshare.net/Microsoft_France/big-data-revolution-1-infoviz-dataviz-quand-linformation-prend-du-sens.*

☛ ***Des ronds et des carrés rouges parmi des ronds bleus***

Cerveau droit/cerveau gauche

Notre cerveau se compose de deux hémisphères reliés par une épaisse bande de fibres nerveuses : le corps calleux.

☛ ***Les deux hémisphères de notre cerveau***

Les travaux du docteur Sperry ont montré que chaque hémisphère dispose de fonctionnalités différentes. De façon synthétique, l'hémisphère gauche dispose des caractéristiques suivantes :

- la logique ;
- l'analyse ;
- le calcul ;
- les mots ;
- les causes ;
- les détails.

De son côté, l'hémisphère droit se consacre aux capacités suivantes :

- globalité ;
- synthèse ;
- imagination ;
- couleur.

☛ ***Cerveau droit/cerveau gauche des fonctionnalités complémentaires***

De nos jours, la théorie du cerveau droit et du cerveau gauche est remise en question par certains scientifiques. En ce qui nous concerne, nous ne prendrons pas parti dans ce débat et nous vous proposons d'adopter cette théorie comme une métaphore qui nous servira, par la suite, de grille de lecture.

Si nous comparons un texte et une image correspondante, le texte parlera au cerveau gauche tandis que l'image parlera plutôt au cerveau droit.

☛ ***Traitement du texte et de l'image par votre cerveau***

Le cerveau droit va ainsi nous permettre de nous projeter dans nos dessins.

Face à une forme dépourvue de sens, nous essayons d'en trouver un. Lorsque nous regardons les nuages, nous reconnaissons des moutons, des éléphants… La projection *via* des taches d'encre a longtemps été utilisée en psychologie. Le test de Rorschach, par exemple, est constitué de dix images abstraites (composées par des tâches). Le sujet les décrit et raconte une histoire à partir de celles-ci.

Déjà à l'époque, Léonard de Vinci avait noté le potentiel de la projection[1]. Face à un mur maculé de taches, il avait remarqué que le cerveau humain avait la fâcheuse tendance à y discerner des objets, des personnages, etc.

Tous les dessins renferment un sens[2]

Prenez une feuille de papier et un crayon. Positionnez-la en format paysage, fermez les yeux puis gribouillez des lignes dans tous les sens.

Un joli gribouillis

Ouvrez les yeux et tentez de découvrir des formes dans votre gribouillage (par exemple, des objets, des animaux). Une fois trouvées, repassez-les au crayon et coloriez-les pour les faire ressortir.

1. L. Da Vinci, *The Notebooks of Leonardo Da Vinci*, New American Library.
2. Exercice adapté du livre de Robert Mc Kim, *Experiences in Visual Thinking*, p. 57.

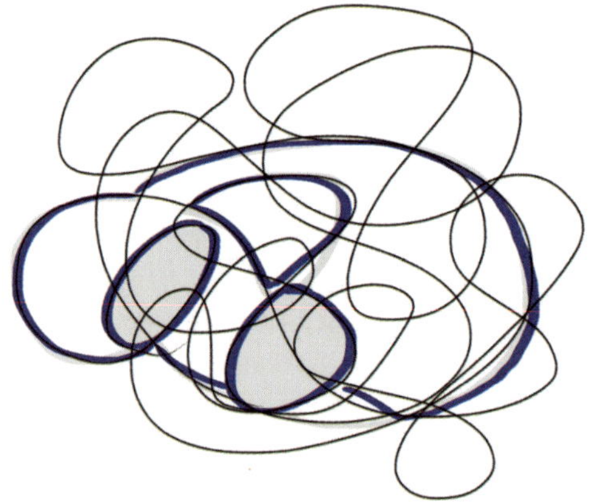

Une voiture se dessine dans le gribouillis

Comme exercice alternatif, vous pouvez créer votre propre mur de taches sur une simple feuille de papier. Pour ce faire, prenez une autre feuille de papier (assez épaisse). Munissez-vous de plusieurs tubes de gouaches de couleurs. Ensuite, répartissez de petits tas de peinture de couleurs sur toute la feuille. Puis, pliez votre feuille en deux selon une verticale. Pressez le papier de votre main afin d'étaler la peinture qui se trouve à l'intérieur. Enfin, dépliez votre feuille de papier. De la même façon, tentez de découvrir des formes qui ont un sens pour vous.

La Gestalt : notre cerveau aime les formes

La théorie de la *Gestalt* est née en Allemagne dans les années 1920. C'est une psychologie de la forme.

Les principales lois de la Gestalt

LOIS	EFFETS
Ressemblance	Des composants similaires sont perçus comme appartenant à un même groupe.
Symétrie	Des éléments symétriques sont perçus plus spontanément.
Proximité	Deux composants proches tendent à se grouper.
Prégnance	Les éléments s'organisent en une forme plutôt qu'une autre.

La mémoire, une fonction complexe

Nous mémorisons plus facilement les images que le texte

« Les études montrent que la mémoire est deux fois meilleure pour une image que pour un texte[1]. » Probablement cette mémorisation par l'image est-elle issue de notre passé d'homme préhistorique.

Plus l'information est personnalisée, mieux nous la retenons

Chaque croquinote est différent. Un croquinote réalisé par deux personnes sur un thème identique sera différent sur la forme et sur le fond. En effet, chacun voit l'information qui nous entoure au travers de lunettes qui nous servent de filtres. De même, des croquinotes réalisés sur un même thème par une même personne seront aussi différents. Le choix des couleurs, des dessins, des informations retenues sera sensiblement différent. Ainsi chaque croquinote est personnalisé, ce qui renforce sa mémorisation.

Par ailleurs, lorsque nous nous impliquons, nous retenons plus facilement les informations. Lorsque vous croquez vos idées ou celles d'un autre, vous traduisez une pensée en images, vous recomposez donc l'information pour la rendre intelligible pour vous.

Communiquer avec le cerveau droit

De même, en utilisant des éléments qui « parlent » au cerveau droit – les couleurs, les images –, le croquinote transcrit de l'émotion. Or notre mémoire a tendance à retenir plus facilement le contenu chargé émotionnellement.

Une mémoire en morceaux

Remémorez-vous le dernier film que vous avez vu à la télévision ou au cinéma, réalisez un croquinote à l'aide de vos souvenirs.

1. J. Medina, *Brain Rules: 12 Principles for Surviving and Thriving at Work, Home, and School*, Pear Press, 2008.

☛ ***Croquinote du film* Titanic**

Cet exercice vous montre que notre mémoire est loin d'être chronologique et linéaire.

L'importance du manuel

La main entretient une relation toute particulière avec le cerveau. Écrire et dessiner manuellement renforcent non seulement la motricité fine mais également le processus d'apprentissage.

Un article du *Wall Street Journal*, intitulé « How Handwriting Trains the Brain »[1], présente des recherches récentes qui étayent cette affirmation. Les scientifiques ont étudié le cerveau de cobayes *via* l'imagerie par résonance magnétique (IRM). Le résultat est sans appel : utiliser la main plutôt que le clavier et la souris d'ordinateur engagerait plus le cerveau. Les effets bénéfiques vaudraient aussi bien pour les enfants que pour les adultes. L'arrivée des tablettes tactiles semble toutefois susceptible de nous réconcilier avec cette approche kinesthésique dans l'apprentissage.

Les bénéfices de la pensée visuelle

Dépassez le linéaire

Texte versus *dessin*

L'écriture est par essence abstraite tandis que le dessin apporte le plus souvent une représentation concrète. Par ailleurs, les dessins contiennent souvent un sens caché. Ils permettent de sonder notre inconscient.

Connecter les idées

Le croquinote va offrir la possibilité de connecter les idées entre elles. Dans le croquinote, ces connexions pourront être matérialisées par des flèches. Le mot « intelligence » vient du latin *interligare* : « créer du lien ». D'ailleurs pour Ludwig Wittgenstein, « le penseur ressemble fort à un dessinateur qui voudrait reproduire les rapports des choses entre elles[2] ».

1. Source : G. Bounds, « How Handwriting Trains the Brain Forming Letters Is Key to Learning, Memory, Ideas », in *The Wall Street Journal*, 5 octobre 2010, consulté le 5 juin 2012 *http://online.wsj.com/article/SB10001424052748704631504575531932754922518.html?KEYWORDS=Handwriting+Trains+the+Brain.*
2. L. Wittengenstein, *Remarques mêlées*, Paris, GF-Flammarion, 2002, p. 65.

Prendre de la hauteur par une vision globale

Bien souvent, le croquinote permet de prendre de la hauteur et de ne pas rester collé aux détails. Les anglophones utilisent le terme de *big picture* pour nommer cette perception de haut.

Gribouiller augmente la concentration !

Gribouiller en marge d'une feuille, loin de perturber l'attention sur un discours pourrait au contraire la renforcer ! Comment les scientifiques expliquent-ils ce phénomène ?

Tout d'abord, le dessin et l'écoute sollicitent des zones cérébrales différentes :

- écouter sollicite le cortex auditif et le réseau consacré à la compréhension du langage (aires de Broca et de Wernicke) ;
- dessiner sollicite à la fois les aires visuelles et motrices.

Toutefois, utiliser des circuits cérébraux différents n'apporte pas de preuves irréfutables que gribouiller interfère avec l'attention. En effet, d'une part, tout dépendra naturellement du contenu du discours. Si ce dernier contient des éléments à visualiser (un parcours sur une carte par exemple), le dessin pourra sans doute entrer en concurrence et perturber l'écoute ; d'autre part, des activités qui sollicitent des aires cérébrales distinctes peuvent interférer l'une avec l'autre si elles demandent toutes deux un contrôle attentionnel important.

Les petits gribouillis ne demandent heureusement pas de contrôle attentionnel renforcé. *A priori*, ces petits gribouillis ne perturbent donc pas l'écoute d'un discours, mais peuvent-ils renforcer l'attention ? La réponse est OUI !

L'attention visuelle pour réaliser une œuvre graphique inhibe un réseau cérébral nommé « réseau par défaut » qui entre en jeu quand notre esprit vagabonde.

Par ailleurs, de récentes études[1] montrent que, paradoxalement, se concentrer de façon intense sur des informations ne permet pas de les assimiler plus facilement. Gribouiller permet de s'adonner à un lâcher-prise bénéfique pour la concentration.

1. Test du clignement attentionnel mené par les psychologues Chris Olivers de l'université d'Amsterdam et Sander Nieuwenhuis de l'université de Leyde aux Pays-Bas. C. Olivers et S. Nieuwenhuis, « The beneficial effet of concurrent task-irrelevant mental activity on temporal attention », in *Psychological Science*, p. 265, 2005. J.-Ph. Lachaux, « Griffonner dans les marges aide-t-il à se concentrer ? », *Cerveau et psycho*, n° 49, janv.-fév. 2012.

☛ *Un joli gribouillage*

Élaborez un croquizen

« Croquizen » est un néologisme pour présenter une composition graphique abstraite d'un genre particulier. Aux États-Unis, on le trouve sous l'appellation de zentangle®. Le croquizen permet non seulement d'augmenter sa dextérité mais aussi de se vider l'esprit. Cerise sur le gâteau, nul besoin d'être un artiste pour dessiner un croquizen.

Le croquizen se rapproche du mandala, mais la forme concentrique n'est pas forcément utilisée.

Qu'avez-vous ressenti ?

Lorsque vous avez dessiné votre croquizen, qu'avez-vous ressenti ? Notez-le sur des rayons accrochés au premier cercle.

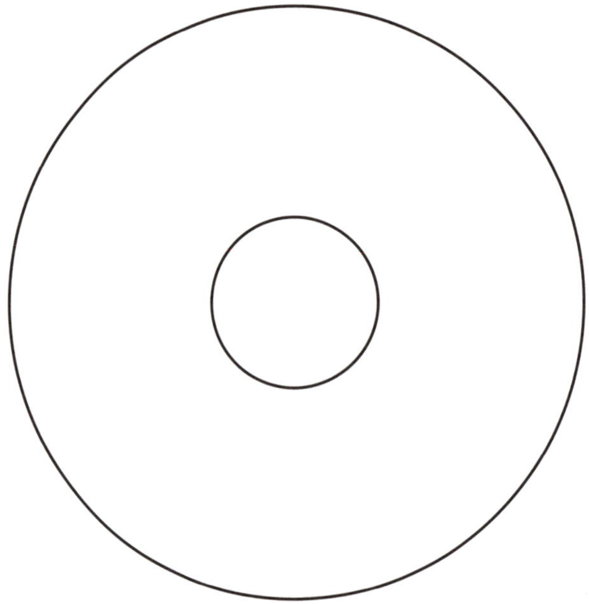

☛ ***Bilan de votre croquizen***

■ Prenez du plaisir

À l'instar d'une carte mentale, le croquinote est également ludique. Grâce à lui, vous prenez plaisir à noter et à apprendre.

Le dessin a longtemps été assimilé à la notion de jeu, mais dans son côté puéril, voire futile.

■ Développez votre créativité

Notre pensée reste souvent chaotique, nous évoluons fréquemment dans un brouillard d'idées. Externaliser nos pensées nous oblige à sélectionner, mettre en ordre et hiérarchiser nos idées. Par ailleurs, dessiner favorise l'imagerie mentale.

Comment développer votre côté visuel ?

Un environnement visuellement stimulant

Si vous en avez la possibilité, recouvrez un mur avec vos dessins et des représentations d'artistes afin de vous en imprégner. Ces dessins seront ainsi omniprésents. À chaque fois que vous entrerez dans cette pièce, les dessins feront partie des murs. Vous ne les remarquerez sans doute même plus, mais votre cerveau inconscient s'en imprégnera sûrement.

Choisissez le lieu pour développer vos idées visuelles avec soin. Un lieu sombre sera sans doute moins propice pour vous adonner aux croquis. Préférez un lieu lumineux.

Amusez-vous avec vos dessins

Certains jeux de société sollicitent notre capacité à jouer.

L'incontournable *Pictionnary*® offre un moyen ludique de pratiquer : transformer vos idées en dessins. Là aussi, vous n'avez pas forcément besoin d'être un artiste, le tout reste de faire deviner le sens de vos dessins à vos partenaires. Le jeu *Cranium*® reprend ce principe en ajoutant une épreuve de pâte à modeler. Vous devez réaliser un modelage à partir d'une carte donnée…

Rien ne vaut la pratique

Comme pour le jogging, prévoyez des jours et des horaires déterminés pour pratiquer, ou mieux programmer la réalisation de vos croquinotes chaque jour, par exemple avant de débuter votre journée.

Dessinez avec vos enfants

Vous avez des enfants ? C'est l'occasion de pratiquer le dessin avec eux. Vous pouvez également leur demander : « Que veux-tu que je dessine ? » Ainsi, votre enfant se transformera en coach de dessin…

Dessinez des objets de la vie courante

Chaque jour, dessinez un objet qui se trouve dans votre champ de vision : un crayon, une tasse de café.

Dessinez des objets situés dans votre champ de vision…

Copier des dessins ou des objets va vous permettre de développer votre acuité visuelle.

Où trouver de l'inspiration ?

En premier lieu, le Web regorge de contenus en mesure de vous inspirer dans vos croquinotes. Il vous suffit de rechercher sur le Web à partir des termes *sketchnotes, sketchnoting*, « croque-notes » ou « croquinotes ». À ce jour, vous trouverez plus de résultats à l'aide des termes anglais.

Sur le Web, vous pouvez fouiller les espaces suivants :

- les moteurs de recherche d'images (par exemple, Google Images) ;
- les plateformes de partage d'image. Flickr[1] reste la plus connue. De nombreux sketchnoteurs y exposent leurs créations. De manière générale, vous pouvez consulter l'adresse suivante *http://www.flickr.com/photos/tags/sketchnotes* pour trouver toutes les illustrations marquées par le tag sketchnotes ;
- les plateformes de partage de vidéos : sur YouTube[2] ou DailyMotion[3], vous retrouvez des croquinotes. La vidéo vous permettra de bien appréhender les différents traits utilisés pour réaliser les dessins ;
- Twitter[4].

Vous pouvez suivre des sketchnoteurs connus :

- Mike Rohde (@rohdesign) ;
- Sunni Brown (@SunniBrown) ;
- Dan Roam (@dan_roam) ;
- Austin Kleon (@austinkleon).

Vous pouvez également lancer des recherches à partir du hashtag[5] #sketchnotes ou #croquinote.

Lire des bandes dessinées représente également une façon d'apprendre à transformer ses idées en dessins.

1. *www.flickr.com.*
2. *www.youtube.com.*
3. *www.dailymotion.com.*
4. *www.twitter.com.*
5. Sur Twitter, l'ajout du signe dièse avant un mot le transforme en mot-clé pour regrouper des tweets sur le même sujet.

Chapitre 8

COMMENT RÉALISER UN CROQUINOTE ?

> *Nous ne pensons pas de manière linéaire ou séquentielle, pourtant chaque information qui nous est donnée l'est sous une forme linéaire… Nous avons appris à communiquer d'une façon qui contraint notre capacité à penser*[1]
>
> **Richard Saul Wurman, Information Anxiety.**

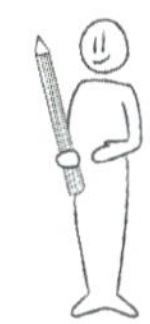

Le croquinote est une composition graphique constituée à la fois de dessins, de mots, d'organisateurs graphiques. Le croquinote peut, tout comme le croquis, prétendre au statut de notes. Dans son *Grand Dictionnaire universel du XIXe siècle*, Pierre Larousse propose cette définition du croquis : « Le croquis est, dans les arts du dessin, ce qu'est la pochade en peinture, ce que sont les notes pour l'écrivain[2]. »

À ce jour, le croquinote ne suit pas de règles prédéfinies. Toutefois, réussir un croquinote demande de jongler avec une véritable grammaire visuelle constituée de textes, de listes, d'ombres, de couleurs, de signes graphiques, de dessins.

1. Traduction libre de : *We do not think in a linear, sequential way, yet every body of information that is given to us is given to us in a linear manner… we are taught to communicate in a way that is actually constricting our ability to think.*
2. Desbiolles, Y. Chevrefils, C. Bustarret et C. Paulhan (dir.). *Dessins d'écrivains. De l'archive à l'œuvre*, Éditions Le Manuscrit/Manuscrit.com, 2011.

Qu'est-ce qu'un organisateur graphique ?

Un organisateur graphique est une représentation d'un savoir sous une forme visuelle. C'est une façon de structurer l'information. Ce terme se retrouve le plus souvent dans le domaine de l'éducation : « L'organisateur graphique est un outil visuel qui favorise la compréhension et la réflexion des élèves. Il illustre des idées et des concepts abstraits sur un support concret. On utilise aussi les termes "arbre conceptuel", "toile d'araignée", "grappes", "feuilles de réflexion" et "champs sémantiques" pour désigner cet outil pédagogique qui, en rendant la pensée visible, aide l'élève à concrétiser et à visualiser des concepts » *(http://www.edu.gov.mb.ca/frpub/enfdiff/comporte/5.pdf).*

Les ingrédients pour réussir un croquinote

Le texte a son mot à dire

Bien que visuel avant tout, le croquinote ne bannit pas pour autant le recours au texte.

Bien souvent, un texte peut lever l'ambiguïté possible d'une image. À vos débuts, ou si la carte est publique, doubler l'image par un texte peut se révéler un choix judicieux. Le texte présent dans un croquinote ne ressemble pas tout à fait à celui des livres classiques. Tout d'abord, dans un croquinote, la plupart du temps, le texte se compose de mots-clés et non pas de phrases entières (tout comme dans le *mind mapping*). Ensuite, le texte est mis en valeur par différents procédés : la taille de la police de caractères, la couleur, etc.

Dans un croquinote, le texte suit donc deux formes d'organisation :

- la hiérarchie ;
- la distinction.

Les effets affectés au texte vont permettre de distinguer les idées importantes des détails. Parfois, les mots vont se transformer en de véritables images.

☛ ***Les mots images***

Ainsi, dans un croquinote, les dessins ne sont pas extérieurs au texte. Dessins et textes interagissent. Ils s'entrelacent pour donner sens à la composition.

La liste, premier pas vers l'organisation spatiale des idées

La liste est une première façon d'organiser l'information de façon spatiale.

Dans son livre *La Raison graphique*[1], Jack Goody a démontré l'importance de la liste dans l'abstraction de la pensée.

Les listes vont revêtir plusieurs fonctions :

- lister les tâches à faire (todo list) ;
- lister des éléments à ne pas oublier (checklist).

Naturellement, dans un croquinote, une liste pourra être illustrée par des puces variées : bulles, flèches, etc.

1. J. Goody, *La Raison graphique*, Paris, Éditions de Minuit, 1979.

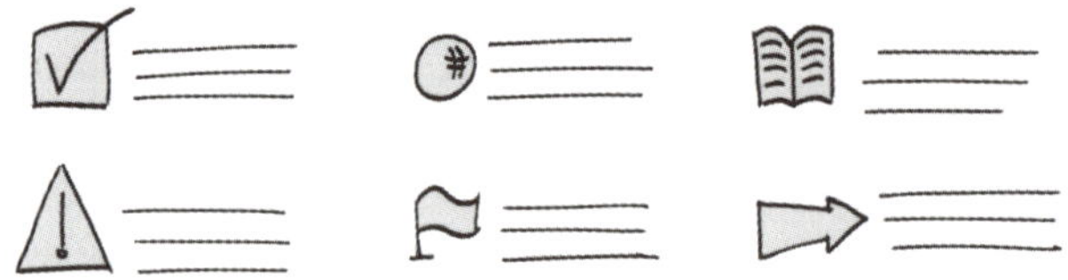

☛ *Les listes à puces*

Les conteneurs

Les conteneurs pourront se matérialiser par différentes formes graphiques : nuage, diplôme, etc.

Les conteneurs vont revêtir plusieurs fonctions :

- mettre en valeur une information ;
- regrouper et différencier un groupe d'éléments.

Par expérience, mieux vaut dessiner les conteneurs en dernier, car en cas d'oubli vous ne pourrez pas ajouter un élément manquant une fois le conteneur dessiné, à moins d'avoir prévu assez d'espace !

☛ *Les conteneurs*

Pour en voir de toutes les couleurs

Dans un croquinote, les couleurs remplissent plusieurs fonctions cumulatives :

- grouper : la couleur va offrir la possibilité de regrouper certaines informations. Ce regroupement va permettre ainsi de différencier les groupes d'idées. En effet nous embrassons le monde qui nous entoure au travers du prisme des ressemblances et des différences ;
- se concentrer : colorier sa carte offre la possibilité de se concentrer comme pour la réalisation d'un mandala. Certains thérapeutes prescrivent en effet aux enfants qui ont du mal à se concentrer de colorier des mandalas. Colorier votre croquinote vous renvoie également au temps de la maternelle, quand vous vous appliquiez à colorier sans dépasser les bords d'une figure ;
- réviser : lorsque vous coloriez certaines parties de votre carte, vous commencez d'ores et déjà le processus de révision. Vous tentez d'accorder les couleurs avec le sens de l'information présente ;
- laisser incuber : ajouter des couleurs dans sa carte prend un peu de temps, toutefois ce temps permet une préincubation du contenu ;
- retrouver son âme d'enfant : coloriez votre croquinote devient vite ludique. Vous prendrez plaisir à choisir la bonne couleur et à colorier certaines parties de votre croquinote.

Par expérience, limitez le nombre de couleurs à trois ou quatre afin de ne pas surcharger visuellement votre croquinote.

La synesthésie : un mélange des sens

Nos cinq sens semblent être traités par une zone spécifique du cerveau. Pourtant, chez certaines personnes, certains sens se confondent. Les scientifiques les appellent les synesthètes. En 2004, Jamie Ward, chercheur à l'université du Sussex, a mené une expérience sur des synesthètes qui percevaient musique et formes simultanément. Il leur a demandé de dessiner les formes évoquées par la musique qu'ils entendaient. Ensuite, il a présenté deux dessins à des volontaires en faisant écouter la même musique. 70 % des volontaires ont associé la musique à l'image originale. Conclusion, nous partageons les associations musique/forme réalisées par les synesthètes. Serions-nous tous un peu synesthète sans le savoir ?

Un jeu d'ombres

Les ombres vont servir essentiellement à donner du relief à vos illustrations. Classiquement, ajouter de l'ombre se fera à l'aide d'un crayon feutre gris ou d'un crayon à papier. La position de l'ombre sera naturellement en fonction de la source de lumière supposée.

☛ ***Les ombres***

Les connecteurs d'idées

La grande force du croquinote sera de représenter les relations entre les idées. À l'image des liens graphiques, le croquinote contiendra des connecteurs pour relier les idées entre elles. La disposition des concepts facilitera la cartographie des éléments avec de multiples relations, au contraire d'une carte mentale, où la visibilité devient difficile dans ce cas de figure.

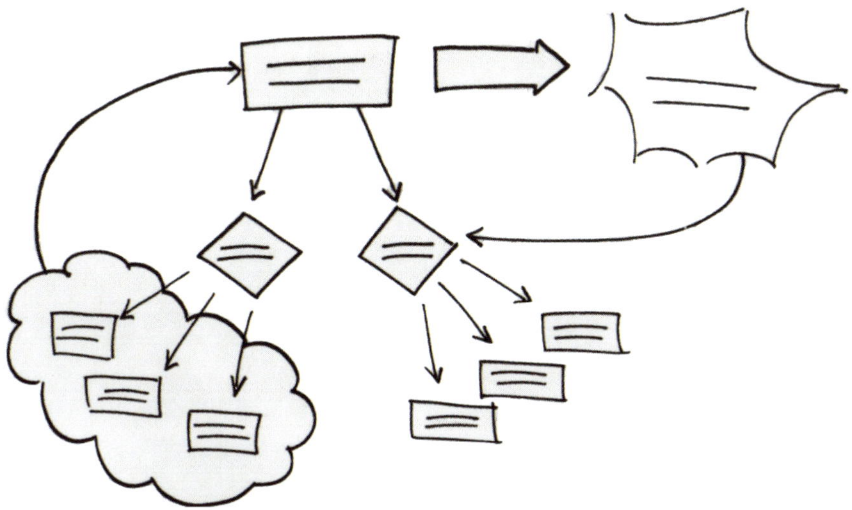

☛ ***Connecter les idées***

■ Balisez votre pensée à l'aide de signes graphiques

Les signes graphiques regroupent les pictogrammes, les icônes et les idéogrammes.

Ils vont permettre de baliser la pensée. Au fil du temps, à vous de codifier la signification de ces signes graphiques. Vous pourrez même vous constituer un véritable dictionnaire visuel. Naturellement, vous pouvez vous inspirer des signes graphiques qui vous entourent dans votre vie quotidienne : panneaux de signalisation, etc.

Représentez vos idées en dessins

Le croquinote contiendra également toutes sortes de dessins afin, non seulement d'illustrer, mais également de représenter la pensée.

Classiquement, un croquinote disposera notamment de dessins de personnages et de visages qui attirent particulièrement l'être humain.

☛ ***Transformer ses idées en dessins***

Humaniser vos dessins

Selon une étude récente, les photos les plus mémorables ne seraient pas forcément celles qu'on croit. Ainsi, contrairement à une idée reçue, des photos de paysages calmes comme une forêt ou un désert seraient en général moins bien retenues. Le caractère mémorable d'une photo serait principalement lié à certaines caractéristiques des éléments contenus :

- ✔ bizarres ;
- ✔ comiques ;
- ✔ intéressants.

De même, certains traits particuliers renforcent la mémorisation d'une image :

- ✔ la présence d'êtres humains (même s'ils sont inconnus), notamment s'ils sont en mouvement ;
- ✔ des objets liés aux êtres humains : une chaise, des voitures, etc.

Nous pouvons aisément transposer ces résultats dans la réalisation de croquinotes. Pour les rendre plus mémorables, dessinez donc des êtres humains en mouvement ainsi que des objets.

Allison Bond, « Hauting Scenes », *Scientific American Mind*, nov./déc. 2011, p. 10.

Aux bons artisans, les bons outils

Un papier de bonne qualité

Le choix de la qualité du papier dépendra naturellement de la finalité de votre croquinote. Si vous êtes dans une phase de brouillon, le papier pourra rester de moindre qualité. Attention, toutefois, aux crayons utilisés, en effet si vous prenez des feutres, l'encre risque de transpercer.

Pour débuter, mieux vaut choisir un papier de grand format : A3 minimum. La facilitation graphique nécessitera la plupart du temps de larges feuilles de papier. Vous pourrez en trouver dans les magasins spécialisés en papeterie ou en art. Le format A3 ne sera pas adapté dans le cadre d'une activité nomade. Vous pouvez également utiliser le dos d'une tapisserie ou pourquoi pas un balatum. Il conviendra également de prévoir un scotch qui n'abîme pas le mur.

Dans un croquinote, le papier peut au choix être au format portrait ou paysage. La plupart du temps, le format paysage est conseillé pour épouser notre champ de vision. Par ailleurs, positionner la feuille au format paysage n'est pas fortuit. Cela permet de s'affranchir de nos habitudes de lecture. Le positionnement horizontal de la feuille désoriente le lecteur du croquinote

Votre carnet de croquinotes devra également répondre à vos besoins. Prévoyez une couverture rigide. D'une part, pour le protéger et, d'autre part, pour servir de support pour la prise de notes en conférence par exemple.

De l'importance du vide

Les espaces vides sont tout aussi importants dans la construction d'un croquinote. Ils permettent non seulement de bien séparer les groupes d'éléments mais aussi d'équilibrer la carte. Bien gérer l'espace de la carte représentera la grande difficulté du débutant. En effet, le format A4 force à la concision. Pour débuter, mieux vaut, cependant, réaliser vos premiers croquinotes sur un papier au format A3 afin de disposer de davantage d'espace.

Les crayons s'usent vite

La plupart du temps, les croquinotes sont en couleurs, mais certains croquinoteurs comme Mike Rohde travaillent presque exclusivement en noir et blanc. Avec le temps, un peu comme un enfant, vous prendrez un véritable plaisir à choisir vos crayons de couleurs.

Les crayons de couleurs peuvent être des crayons ou des feutres. Les surligneurs fluorescents sont également de bons outils pour transformer vos croquinotes en œuvre chatoyante.

Les personnes qui se destinent à une pratique professionnelle pourront se tourner vers des magasins spécialisés dans la facilitation graphique, comme Neuland[1].

Représenter les relations entre les concepts

Il convient de déterminer des symboles graphiques pour marquer les différentes relations qui peuvent exister entre les concepts (par exemple, la relation cause ⇒ conséquence pourra se matérialiser par une flèche). Une fois ces symboles définis, mieux vaut s'y tenir afin, d'une part, de garder une certaine constance et, d'autre part, de pouvoir s'y retrouver lorsque nous révisons le sketch.

Principales relations entre les idées

Relation	Forme graphique
Cause-conséquence	Flèche
Séquence	Tableau : avant/pendant/après Frise chronologique
Classement	Liste Carte araignée (Spidermap)

1. *http://www.equipement-seminaire.com/index.php.*

Chapitre 9

APPRENEZ À DESSINER

> *« Chaque enfant est un artiste. Le problème est : comment rester un artiste une fois que nous grandissons. »*
>
> **Pablo Picasso**[1]

L'objet de ce chapitre n'est pas de vous transformer en artistes. Il a pour vocation de vous décomplexer face au dessin. Grâce à des exercices à réaliser pas à pas, vous apprendrez à dessiner suffisamment bien pour acquérir un minimum d'aisance dans vos croquinotes.

Dessiner, c'est facile !

Un dessin se compose de formes simples

La plupart des dessins peuvent être décomposés en sept formes de bases :

- point ;
- ligne ;
- cercle ;
- carré ;
- rectangle ;
- ovale ;
- triangle.

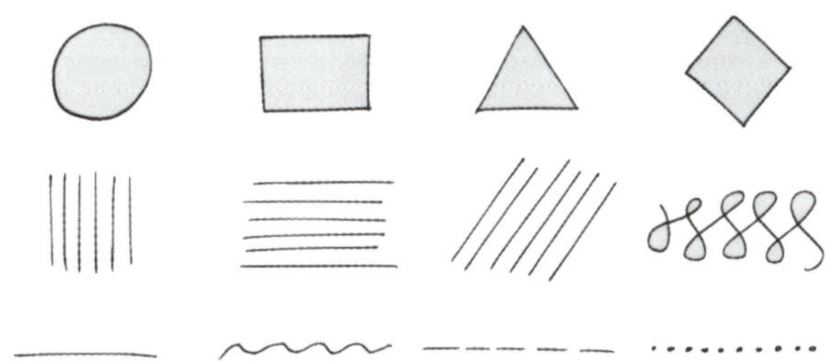

☛ ***Dessiner des formes simples***

1. Traduction libre de *Every child is an artist. The problem is how to remain an artist once we grow up.*

Chaque forme renferme un sens et une symbolique. Comme le rappelle Dave Gray :

- le carré contient à la fois l'horizontale et la verticale, il dégage les impressions suivantes : la régularité, l'ordre, la stabilité, la solidité ;
- le triangle contient à la fois la diagonale, l'angle et la flèche. Il représente le changement, le côté actif ;
- le cercle contient la courbe. Il représente le jeu, le tout, la sécurité.

Par ailleurs, au niveau du développement des enfants, « les premiers ronds bien fermés apparaissent vers trois ans et sont concomitants de l'utilisation du "Je" ; c'est-à-dire du sentiment d'unité corporelle[1]. »

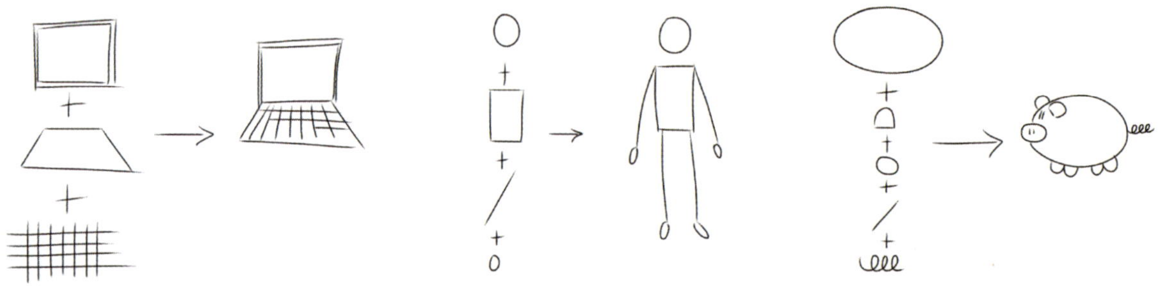

☛ ***Décomposer un dessin d'ordinateur, de bonhomme, de cochon en formes simples***

Fini les complexes !

Pour la plupart d'entre nous, nous arrêtons de dessiner dès la sortie de la maternelle. Depuis, dessiner le moindre croquis provoque une certaine appréhension. Ce chapitre a pour ambition de vous décomplexer un peu grâce à une série d'exercices graphiques.

D'ailleurs, s'adonner à la pensée visuelle n'implique pas forcément de viser un croquis abouti : parfois, dessiner un plan ou une carte suffit pour s'exprimer ;

1. S. Tordjman et G. Nevoux, *Le Dessin des enfants à haut potentiel, de la créativité à la psychopathologie*, Centre national d'aide aux enfants et adolescents à haut potentiel, PU Rennes, 2010.

Chacun son chemin

Dessinez une carte pour montrer le chemin pour aller de votre domicile à votre lieu de travail.

Carte du trajet domicile ⇒ travail

Dessinez maintenant une carte pour montrer le chemin de votre domicile à votre dernier lieu de vacances.

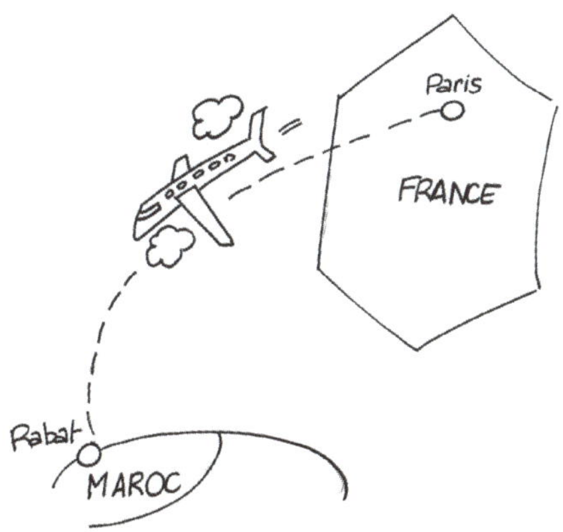

Carte du trajet domicile ⇒ lieu de vacances

Un bon plan

Dessinez le plan de votre maison

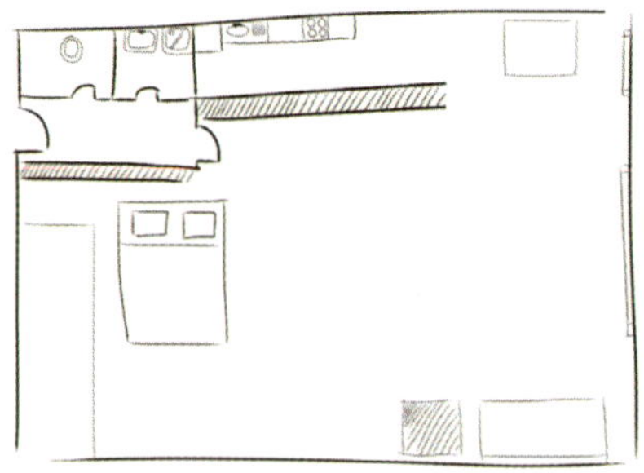

Plan de maison

Je me présente

Présentez-vous sous la forme d'un dessin qui exprime quelque chose sur vous.

Une boussole

Ma vie en dessins

Prenez une feuille de papier (idéalement au format A3) et un crayon.
Dessinez une bulle en son centre et notez-y votre prénom.
Ajoutez quatre pétales.

Chaque pétale contiendra une thématique :

- vos voyages (les voyages que vous avez faits, ceux que vous aimeriez faire, etc.) ;
- votre habitation ;
- votre travail ;
- votre alimentation (ce que vous aimez manger, le type de restaurants que vous appréciez, etc.).

Le but sera de vous présenter à l'aide de dessins pour chacune de ces quatre thématiques.

☛ ***Fleur de vie***

Dessinez le temps

Dessinez vos dernières vacances.

☛ ***Mes dernières vacances***

Dessinez votre journée de la veille.

☛ ***Mes activités de la veille***

Dessins en folie

Dessinez un élément (un objet, un personnage, un animal, etc.) qui commence par les lettres suivantes :

C - R - O - Q - U - I - N - O - T - E

☛ ***Dessins à partir de lettres***

Dictée de dessins

Lisez la liste de mots suivants et dessinez-les le plus rapidement possible : cravate ; dur ; jeter ; en haut ; descendre ; traverser ; entrer ; comète ; mouillé ; voisin ; nuage.

☛ ***Dictée de mots***

Dessinez de tout

■ Dessinez des lettres

Le langage écrit puise son origine dans le dessin. Les langues anciennes comme les hiéroglyphes égyptiens s'apparentent d'ailleurs à des dessins. De nos jours, certaines langues comme le chinois ou le japonais par exemple ont conservé leur côté graphique.

Afin d'illustrer au mieux votre croquinote, nous vous encourageons à varier la typographie de vos textes.

Écris-moi ton nom

Prenez une feuille de papier. Écrivez votre prénom. Puis ajoutez des dessins qui apportent des renseignements sur vous : votre personnalité, vos goûts, etc.

Prénom en dessins

Dessinez des mots

Écrivez les mots suivants d'une façon qui colle à leur sens : froid ; mouillé ; accident ; éclair.

☛ *Des mots pleins de sens*

Dans son livre *Mon Letters Book*, Linda Scott vous propose des dizaines et des dizaines de façons de dessiner des lettres amusantes.

Nous nous en sommes inspirés pour vous en proposer une sélection :

- les lettres à poils ;
- les lettres glacées ;
- les lettres monstres ;

☛ *D'autres lettres remplis de sens*

Naturellement, parfois vous commettez des erreurs. Soit vous avez prévu un crayon effaçable soit vous devrez ruser. Avec la pratique, vous apprendrez à masquer certaines de vos erreurs typographiques.

☛ ***Masquer une erreur***

Dessinez des personnages

Les personnages peuvent se dessiner très simplement. Le plus souvent, vous pouvez utiliser les formes suivantes :

- l'homme bâton : les hommes bâtons sont sûrement les personnages les plus faciles à représenter. Dan Roam les a utilisés dans son livre. On peut leur faire prendre facilement toutes sortes de positions ;

☛ ***L'homme bâton***

- l'homme étoile : il est souvent utilisé par les facilitateurs graphiques. Il présente de nombreux avantages : la symbolique de l'étoile met l'humain en valeur, le personnage est facilement articulable, il a de la chair. Ensuite, dessinez des hommes étoiles dans plusieurs positions ;

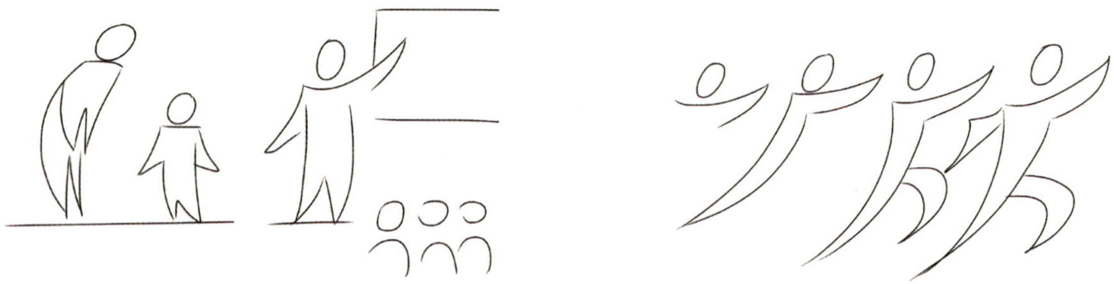

☛ ***L'homme étoile***

- l'homme carte.

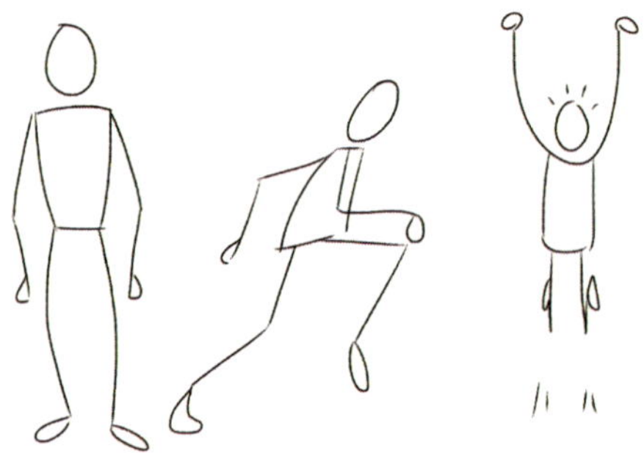

☛ ***L'homme carte***

Dessinez des conteneurs

Les conteneurs peuvent prendre des formes classiques : des bulles, des nuages. Mais ils peuvent aussi se présenter sous la forme d'autres représentations graphiques : un diplôme, un drapeau.

☛ *Les conteneurs*

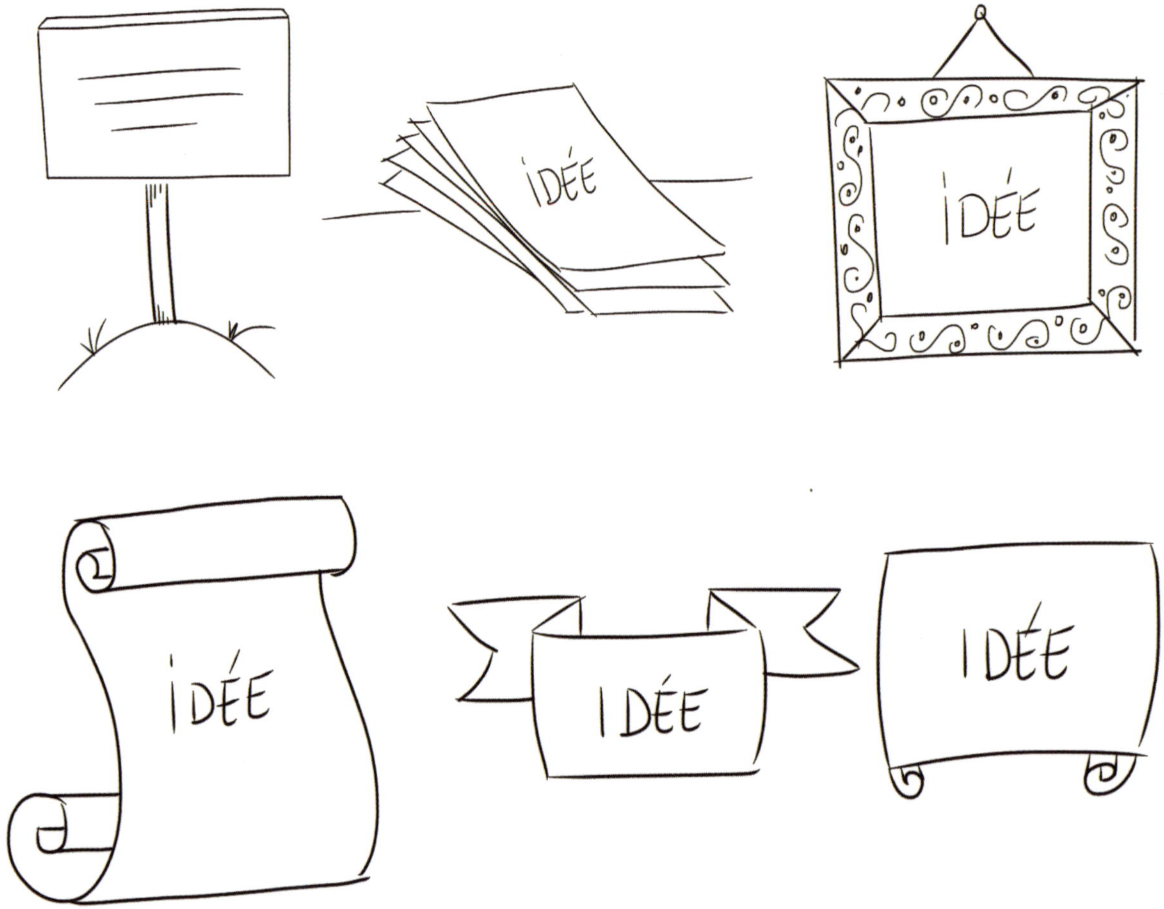

☛ ***D'autres conteneurs***

Dessinez des objets

Dans cette partie, vous allez apprendre à dessiner certains objets pas à pas :

- une table :

☛ ***Dessiner une table***

- un ordinateur :

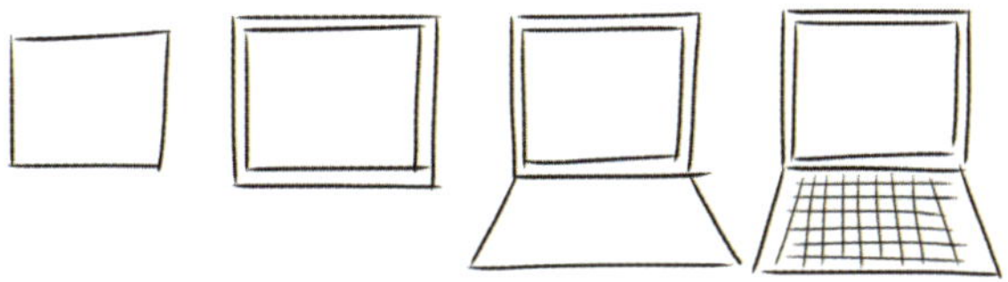

☛ ***Dessiner un ordinateur***

- un avion :

☛ ***Dessiner un avion***

- un livre :

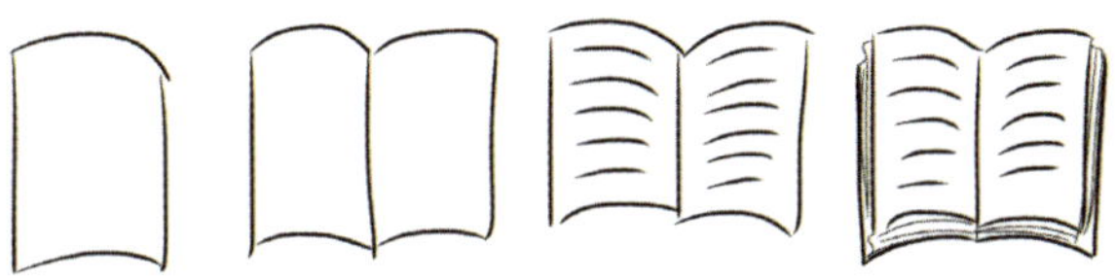

☛ ***Dessiner un livre***

Dessinez des concepts abstraits

Dessiner des concepts concrets reste assez simple. Toutefois, ça se complique lorsque nous passons à des représentations plus abstraites.

Dessinez des émotions

Dessinez les émotions suivantes :

- **Enthousiasme**
- **Colère**
- **Panique**
- **Plaisir**
- **Attente**
- **Tristesse**

☛ ***L'enthousiasme, la colère, la panique, le plaisir, l'attente, la tristesse***

☛ ***Les émotions***

Trouver le bon crayon

Ne vous échinez pas à rechercher le bon outil pour dessiner, le bon crayon, c'est celui que vous tenez dans la main !

Dessinez des actions

Dessinez les actions suivantes :

- **Tomber de la falaise**
- **Frapper à la porte**
- **Sauter au-dessus d'une flaque**

Tomber de la falaise , frapper à la porte, sauter au-dessus d'une flaque

Retour à l'essentiel

Avant de réaliser un dessin, demandez-vous quelles sont ses caractéristiques : quels éléments essentiels le représentent ?

Par exemple pour un éléphant, ce sont les défenses, les oreilles, la trompe ; pour une sorcière, ce sont le balai, le chapeau, les cheveux raides, le nez crochu.

Les hommes préhistoriques savaient déjà dessiner le mouvement[1]

Marc Azéma, préhistorien spécialiste de l'art rupestre, avance l'hypothèse que les hommes préhistoriques de l'âge de glace connaissaient déjà des techniques picturales pour représenter le mouvement :

- ✔ superposer les positions : cette technique est utilisée couramment en bande dessinée. Les peintures rupestres de Limeuil (Dordogne) représentent des chevaux en pleine course, le mouvement est représenté par la superposition de plusieurs pattes ;
- ✔ se faire succéder les plans : la chute d'un animal est par exemple représentée par une succession de plans ;
- ✔ suggérer des postures : certaines peintures rupestres présentent la tête en gros plan d'un animal, pour le représenter à l'affût prêt à attaquer sa proie ;
- ✔ utiliser des conventions graphiques : la course d'un animal est représentée en allongeant ses membres le long du corps ;
- ✔ utiliser des ombres et des reliefs : dans la grotte Chauvet, les scientifiques ont remarqué que le fait de déplacer des lampes à huile donnait une illusion de mouvement sur certaines peintures.

1. J.-F. Dortier, « Le cinéma a 30 000 ans », *Sciences humaines*, n° 237, mai 2012, p. 8.

Construisez-vous une dessinothèque

Voici quelques exemples de dessins pour constituer la base de votre dessinothèque.

Dessinothèque

Dessiner en jouant

Créez une collection de feuilles bristol avec sur le recto un mot et sur le verso son dessin. Le but du jeu est de tirer une feuille avec un mot, de le dessiner et de voir si le dessin réalisé correspond bien à l'original. Chaque soir, choisissez un mot et dessinez-le ; une fois dessiné, tournez la carte pour voir s'il ressemble au dessin original.

CONCLUSION

« La vue vient avant les mots. Les enfants regardent et reconnaissent avant de pouvoir parler[1]. » Gribouiller fait partie intégrante du processus d'apprentissage d'un enfant. Grâce au dessin, l'enfant tente de comprendre le monde qui l'entoure. L'enfant ne dessine pas forcément la réalité mais comment il la voit.

Dans son livre *La Pensée visuelle*, Rudolf Arnheim suggère que la séparation entre pensée rationnelle et vision puise ses origines dans l'Antiquité. Pour certains philosophes grecs, la vision « était le début et la fin de la sagesse ». L'homme pouvait, en effet, être trompé par sa perception visuelle.

Avant l'imprimerie, les enluminures mêlaient mots et images au sein des livres médiévaux. L'arrivée de l'imprimerie a changé la donne. Les lettres, constituées par des blocs amovibles, étaient faciles à reproduire. Les images, quant à elles, devaient être coupées et arrangées. Grâce à l'imprimerie, le mot devint le vecteur principal pour transmettre les idées. Désormais, le numérique rend cette prédominance du texte obsolète. Les outils de conception moderne permettent, en effet, de produire un mélange de texte et d'images à moindre coût et facilement.

La visualisation n'est pas réservée aux seuls artistes, tout un chacun peut en tirer des bénéfices. Ainsi, cette capacité prend de plus en plus d'importance dans notre monde contemporain. Actuellement, par exemple, la *datavisualisation* (ou visualisation des données) a le vent en poupe.

Grâce à ce livre, vous disposez désormais d'un kit de démarrage pour exprimer visuellement vos idées.

À vos crayons !

1. J. Berger J., *Ways of Seeing : Based on the BBC Television Series*, 1re éd., Penguin Books, 1990.

Annexe
CROQUINOTE MANUEL OU INFORMATIQUE ?

	Croquinote papier	Croquinote informatique
Création	Manier un crayon reste à la portée de tout le monde (ou presque).	La prise en main de l'outil logiciel peut freiner le processus d'idéation.
Espace	L'espace est contraint par la taille de la feuille utilisée (souvent du A4 ou du A3). Toutefois, rien n'empêche d'utiliser un format plus grand. Le noteur doit gérer lui-même l'espace. La contrainte présente l'avantage de devoir rester synthétique.	En principe, l'espace est illimité. Le noteur peut gérer l'espace plus facilement en glissant/déposant les éléments graphiques. La trop grande liberté d'espace peut donner naissance à un fouillis graphique.
Illustrations	Réaliser de jolies illustrations demande un minimum de talents artistiques. Toutefois, dans le croquinote, le but n'est pas forcément de faire du joli mais de croquer ses idées. Les illustrations réalisées par le noteur permettent de personnaliser le croquinote et, au final, de mieux se l'approprier.	Les logiciels offrent des outils de dessin pour réaliser ses propres compositions. Les logiciels disposent d'une bibliothèque d'images. Vous pouvez également puiser des images sur Internet. Attention, toutefois à bien respecter les différents droits d'auteur.
Modifications	Un croquinote finalisé demande souvent plusieurs brouillons.	Le logiciel offre la possibilité de modifier toute la structure du croquinote.
Utilisation	La carte est visible en une seule fois.	L'espace pour créer le croquinote devient en théorie infini.
Réutilisation	Pour la partager numériquement vous devez la scanner. Si vous utilisez un format supérieur au A4 vous devrez parfois passer par une photo.	Le croquinote est partageable *via* plusieurs formats. Le croquinote présente un aspect plus propre.
Les +	Outil *low tech* (basse technologie) et *low cost* (bas coût). Liberté au niveau de la créativité. Rapidité d'utilisation. Vous pouvez coucher vos idées rapidement.	
Les –		Coût de certains logiciels.

BIBLIOGRAPHIE

AGERBECK Brandy, *The Graphic Facilitator's Guide : How to Use your Listening, Thinking and Drawing Skills to Make Meaning*, Loosetooth.com Library, 2012.

ARNHEIM Rudolf, *La Pensée visuelle*, Paris, Flammarion, 1999.

BERGER John, *Ways of Seeing : Based on the BBC Television Series*, 1re éd., Penguin Books, 1990.

BURKE Jim, *Tools for Thought : Graphic Organizers for Your Classroom*, Heinemann Educational Books, 2002.

DAMASIO Antonio, *L'Erreur de Descartes. La raison des émotions*, Paris, Odile Jacob, 2010.

DELADRIÈRE Jean-Luc, LE BIHAN Frédéric, MONGIN Pierre et REBAUD Denis, *Organisez vos idées avec le mind mapping*, 2e éd., Paris, Dunod, 2006.

DELENGAIGNE Pierre, MONGIN Xavier, *Organisez votre vie avec le mind mapping. Côté tête et côté cœur*, Paris, InterÉditions, 2009.

Delengaigne Xavier, *Mémoriser sans peine… avec le Mind Mapping: et toutes les astuces pour muscler et donner de bons appuis à votre mémoire*, InterÉditions, 2012.

DELENGAIGNE Xavier et MONGIN Pierre, *Booster votre efficacité avec FreeMind, Freeplane et Xmind. Bien démarrer avec le mind mapping*, 2e éd., Paris, Eyrolles, 2010.

DELVAUX Benoît, *Des idées à la carte. Mind mapping et Cie pour manager de 180° à 360°*, Cormelles-le-Royal, EMS, 2009.

CHEVREFILS DESBIOLLES Yves, BUSTARRET Claire et PAULHAN Claire (dir.), *Dessins d'écrivains. De l'archive à l'œuvre*, Paris, Éditions Le Manuscrit/Manuscrit.com, 2011.

DESCHAMPS Christophe, MONGIN Pierre et DELENGAIGNE Xavier, *Organisez vos données personnelles. L'essentiel du personal knowledge management*, Paris, Eyrolles, 2011.

DOBROWOLSKI Patti, *Drawing Solutions : How Visual Goal Setting Will Change Your Life*, Creative Genius Press, 2011.

FRANK Stanley D., *Remember Everything You Read : The Evelyn Wood 7-Day Speed Reading & Learning Program*, rééd. Avon, 1992.

GOODY Jack., *La Raison graphique*, Paris, Éditions de Minuit, 1979.

GRAY Dave, BROWN Sunni et MACANUFO James, *Gamestorming : A Playbook for Innovators, Rulebreakers, and Changemakers*, 1er éd. O'Reilly Media, Inc., 2010.

HART Christopher, *Drawing on the Funny Side of the Brain : How to Come Up With Jokes for Cartoons and Comic Strips*, éd. illustrée, Watson-Guptill Publications Inc., 1998.

HEATH Chip et HEATH Dan, *Switch, osez le changement*, Paris, LEDUC.S, 2012.

LUMBROSO Olivier et MITTERAND Henri, *Les Manuscrits et les Dessins de Zola*, coffret 3 vol., Paris, Textuel, 2002.

LYNCH Dudley et KORDIS Paul-L., *La Stratégie du dauphin. Les idées gagnantes du XXIe siècle*, Paris, Éditions de l'Homme, 2006.

MARGULIES Nancy et MAAL Nusa, *Les Cartes d'organisation d'idées. Une façon efficace de structurer sa pensée*, Chenelière, 2005.

MARGULIES Nancy et VALENZA Christine, *Visual Thinking : Tools for Mapping Your Ideas*, Crown House Publishing, 2005.

MCCLOUD Scott, *L'Art invisible*, Paris, Delcourt, 2007.

MCKIM Robert H., *Experiences in Visual Thinking*, nouvelle éd., Brooks/Cole, 1980.

KROGERUS Mikael et TSCHÄPPELER Roman, *Le Livre des décisions*, Paris, LEDUC.S, 2012.

MONGIN Pierre, DELENGAIGNE Xavier et GARCIA Luis, *Organisez vos notes avec le mind mapping. Dessinez vos idées !*, Paris, Dunod, 2011.

MONGIN Pierre, *Organisez vos projets avec le mind mapping. Des dessins au service de vos desseins*, Paris, Dunod, 2011.

RICO Gabriele L., *Writing the Natural Way : Using Right Brain Techniques to Release Your Expressive Powers*, 1re éd., Jeremy P. Tarcher, 1984.

ROAM Dan, *Blah, Blah, Blah : What to Do When Words Don't Work*, Marshall Cavendish International (Asia) Pte Ltd, 2012.

ROAM Dan, *Cahier d'entraînement pour convaincre en deux coups de crayon*, Paris, ESF Éditeur, 2010.

ROAM Dan, *Convaincre en deux coups de crayon*, Paris, ESF Éditeur, 2011.

SANTAMARIA Pablo, *Les Réunions assistées par l'informatique. L'apport du mind mapping*, Paris, Hermes Science Publications, 2010.

SCHWARTZ Barry, *Le Paradoxe du choix. Et si la culture de l'abondance nous éloignait du bonheur ?*, Paris, Marabout, 2009.

SCOTT Linda, *Mon Letters Book*, Paris, Nathan, 2012.

SIBBET David, *Visual Meetings : How Graphics, Sticky Notes and Idea Mapping Can Transform Group Productivity*, 1re éd., Wiley, 2010.

SIBBET David, *Visual Teams : Graphic Tools for Commitment, Innovation, & High Performance*, John Wiley & Sons Inc, 2011.

TALEB Nassim Nicholas, *Le Cygne noir. La puissance de l'imprévisible*, Paris, Belles Lettres, 2008.

TAMMET Daniel, *Embrasser le ciel immense. Le cerveau des génies*, Paris, Les Arènes, 2008.

TORDJMAN Sylvie et NEVOUX Gregory, *Le Dessin des enfants à haut potentiel, de la créativité à la psychopathologie*, Centre national d'aide aux enfants et adolescents à haut potentiel, PU Rennes, 2010.

WARE Bronnie, *The Top Five Regrets of the Dying : A Life Transformed by the Dearly Departing*, Hay House, 2012.

WOOLSEY Kristina Hooper, SCOTT Kim et CURTIS Gayle, *Vizability. Pap/Cdr*, Course Technology Inc., 2004.

WEBOGRAPHIE SÉLECTIVE

Pensée visuelle

SerialMapper *(www.serialmapper.com)* : SerialMapper est le blog animé par Claude Abenschremer. Il traite de la visualisation au sens large.

Vizthink France *(www.vizthink.fr)* : à l'origine Vizthink est une communauté américaine dédiée au *visual thinking* (la pensée visuelle). Vizthink.fr est le portail de la communauté française avec des groupes actifs dans certaines grandes villes françaises : Paris, Lille, Rennes, etc.

Les « vizthinkers » se rencontrent périodiquement pour échanger autour de la pensée visuelle.

Mind mapping

Collectivité numérique *(www.collectivitenumerique)* : ce blog de Xavier Delengaigne se veut éclectique. L'auteur présente ses (nombreux !) centres d'intérêts : pensée visuelle *(mind mapping, concept mapping,* etc.), veille et recherche d'informations, *personal knowledge management,* etc.

Vous y retrouverez de nombreuses ressources notamment sur le *mind mapping* :

- extraits de ses livres en téléchargement gratuit ;
- vidéos de formation gratuites sur les principaux logiciels de *mind mapping* : Freemind et Mindmanager. Vous pouvez également les visionner sur YouTube ;
- etc.

MindManagement *(www.mindmanagement.org)* : le site de l'association Le Mind mapping pour tous, animé par Pierre Mongin, traite du *mind mapping* en profondeur. Vous y retrouverez notamment les dates des ateliers *mind mapping* organisés par l'association.

Freemind par L'exemple *(www.freemindparlexemple.fr/)* : vous souhaitez tout connaître de Freemind, ce blog animé par Franck Maintenay est fait pour vous. Il traite non seulement de Freemind et de son *fork* Freeplane mais également de Xmind. Des tutoriels vidéos sont également disponibles gratuitement.

Le blog d'idées d'ASH *(http://idees-ash.blogspot.com/)* : ce blog animé par Hélène d'Heygere traite du *mind mapping* appliqué à l'éducation et particulièrement aux difficultés scolaires : dyspraxie, dyslexie.

Pétillant *(www.petillant.com)* : pendant longtemps, Pétillant a représenté le site francophone de référence sur le *mind mapping*. Aujourd'hui, il n'est plus mis à jour. Toutefois, on continue d'y trouver des ressources très intéressantes sur le *mind mapping*. Il contient notamment des exemples de cartes heuristiques réalisées dans le cadre du service public : organisation d'une élection, etc.

Idergie *(www.idergie.com)* : ce blog est animé par Benoît Delvaux, l'auteur de *Des idées à la carte. Mind mapping et Cie pour manager de 180° à 360°*. Il est orienté management. Vous retrouverez sur ce blog certaines ressources gratuites dont le tutoriel francophone du logiciel Personal Brain. Personal Brain est un logiciel qui s'apparente au *mind mapping*. Il présente l'information sous la forme de concepts reliés interconnectés.

Heuristiquement *(www.heuristiquement.com)* : ce site du consultant espagnol Philippe Boukozba se décline en plusieurs langues :

- en anglais : visual mapping *(www.visual-mapping.com/)* ;
- en français : Heuristiquement *(www.heuristiquement.com)* ;
- en espagnol : Mind Mappers *(www.mind-mappers.blogspot.com/)*.

Salma Otmani anime des ateliers et accompagne individuellement des étudiants et des professionnels.

Ses méthodes de prise de notes permettent de :

- mémoriser et apprendre de façon plus efficace,
- développer le sens du questionnement et la capacité à résoudre des problèmes,
- communiquer les idées de façon claire et structurée,
- identifier des axes de développement personnel et professionnel.

Vous pouvez contacter Salma à l'adresse suivante : *salmaotmani@gmail.com*.

Pour prolonger la lecture de ce livre, vous pouvez contacter l'auteur **Xavier Delengaigne** par :

- Mail : *xavier.delengaigne@gmail.com*.
- Twitter : son identifiant@hanaka. Vous pourrez échanger sur le livre grâce au hashtag #VVIE. Pour rappel, sur Twitter un hashtag est un mot-clé qui permet de regrouper tous les tweets sur une même thématique.
- Facebook : Xavier Delengaigne dispose d'un groupe dédié au mind mapping. Il se nomme le « Mind Mapping pour Tous ».
- Blog : Xavier Delengaigne anime le blog « Collectivité numérique » *(www.collectivite-numerique.fr)*. Vous pouvez y déposer vos commentaires.

INDEX

Composé par Hung Ho Thanh – www.loaloa.net

FSC
www.fsc.org
MIX
Paper from responsible sources
FSC® C106600

Achevé d'imprimer : DZS Grafik
N° d'éditeur : 4702
Dépôt légal : janvier 2014
Imprimé en Slovénie